Lebenskraft für Anfänger

Versuche, Betrachtungen, Zusammenhänge und Modelle

Kontakt: www.HarryEilenstein.de / Harry.Eilenstein@web.de
Impressum: Copyright: 2011 by Harry Eilenstein – Alle Rechte, insbesondere auch das der Übersetzung, vorbehalten. Kein Teil des Buches darf ohne schriftliche Genehmigung des Autors und des Verlages (nicht als Fotokopie, Mikrofilm, auf elektronischen Datenträgern oder im Internet) reproduziert, übersetzt, gespeichert oder verbreitet werden.
Herstellung und Verlag: BoD- Books on Demand, Norderstedt   **ISBN:** 9783750407640

Inhaltsverzeichnis

1. Nachweis der Lebenskraft

Wenn man über eine Sache spricht oder schreibt, ist es sinnvoll, zunächst einmal nachzuweisen, daß diese Sache auch tatsächlich existiert.

Für die Existenz der Lebenskraft kommen gleich mehrere Methoden infrage: Telepathie, Telekinese, Homöopathie, Astralreisen, Akupunktur, Akupressur, Rang Dröl, Pranayama, Weihungen, Magie, Astrologie und noch einiges mehr.

Die Telepathie kann recht einfach nachgewiesen werden: Man steckt zwei Dutzend Postkarten in jeweils einen undurchsichtigen Umschlag und verschließt ihn. Dann legen vier Personen (die die Postkarten nicht kennen) einen dieser Umschläge zwischen sich, konzentrieren sich drei Minuten lang auf ihn und schreiben dann ihre Eindrücke auf.

Aus den Wahrnehmungen, die drei oder vier von ihnen hatten, fertigt man dann eine Bildbeschreibung an, die man durch die Wahrnehmungen, die zwei Personen hatten, ergänzt. Die Wahrnehmungen, die nur einer gehabt hat, läßt man fort, da sie möglicherweise keine telepathische Wahrnehmung, sondern eine Assoziation o.ä. gewesen sind.

Für die Telekinese gibt es einen Versuch, den man sich im Internet ansehen kann, aber den man auch selber durchführen sollte, damit man sieht, daß er wirklich funktioniert. Bei diesem Versuch, den man u.a. bei youtube unter „Telekinese Papierrädchen" findet, wird ein Papierrädchen, das sich fast reibungsfrei auf der Spitze einer Stecknadel drehen kann, durch die eigene Vorstellung gedreht.

Die Wirksamkeit der Homöopathie läßt sich nicht so einfach nachweisen, da man dafür einige eigene Erfahrungen mit ihr benötigt. In der Homöopathie werden Globuli („Kügelchen") benutzt, die auf eine spezielle Weise hergestellt werden: Für z.B. die Schwefel-Globuli wird Schwefel immer wieder mit Milchzucker gemischt, bis der Schwefel in dieser Mischung so stark verdünnt worden ist, daß schließlich in dem Milchzucker kein Schwefel mehr zu finden ist. Die Globuli wirken dann zwar wie Schwefel, aber es ist kein Schwefel mehr in ihnen – das Wirkende ist somit die Lebenskraft des Schwefels, die sich noch in den Globuli befindet.

Bei einer Astralreise befindet man sich mit seinem Bewußtsein und mit seiner Wahrnehmungsfähigkeit außerhalb seines physischen Körpers, was in der Regel damit erklärt wird, daß das Bewußtsein und die Wahrnehmungsfähigkeit zu dem Lebenskraftkörper gehören, also zu der Gesamt-Lebenskraft, die sich in einem Menschen befindet und die den physischen Körper vorübergehend auch verlassen kann.

Bei der Akupunktur, der Akupressur, dem Rang Dröl, dem Pranayama u.ä. Methoden gibt es nur geringe physische Auslöser für die erzielte Wirkung, sodaß man auch hier eine Wirkung im Bereich der Lebenskraft in Betracht ziehen kann.

Bei einer Weihung verändert ein Gegenstand seine Ausstrahlung und seine Wirkung. Da diese Wirkungen nicht physischer, sondern magischer Natur sind und da durch eine Weihung an einem Gegenstand nichts physisch verändert wird, muß die Wirkung im Bereich der Lebenskraft liegen. Zwei der bekannteren Weihungen sind das „Aufladen" eines Talismans und die Weihung der Oblaten und des Weins im christlichen Abendmahl.

Generell kann man fast alle Phänomene in der Magie auf die Lebenskraft zurückführen bzw. mit ihr erklären.

Da auch die Astrologie nicht-physikalische Zusammenhänge beschreibt, liegt der Verdacht nahe, daß auch sie auf der Lebenskraft beruht.

Wenn man zumindestens eines dieser Phänomene selber kennt, hat es Sinn, dieses Buch weiterzulesen – ansonsten würden alle weiteren Betrachtungen ein wenig „in der Luft hängen".

Durch Telepathie, Telekinese, Homöopathie, Astrologie u.ä. läßt sich zeigen, daß es nicht-physikalische Zusammenhänge gibt. Die Lebenskraft ist ein möglicher Erklärungsansatz für diese Zusammenhänge.

2. Ein Magie-Modell

Was ist nun die Lebenskraft?

Zunächst einmal ist sie ein Modell, mit dessen Hilfe man versucht hat, eine Vielzahl von Phänomenen zu erklären.

Ein gutes Modell, das es ermöglicht, ansonsten einzeln dastehende Phänomene mit einer einfachen Grundannahme zu beschreiben, ist etwas recht praktisches – insbesondere, wenn man aus dem Modell Schlußfolgerungen ziehen kann, die sich dann in der Praxis als nützlich erweisen ...

Schließlich ist es bei jedem Modell wichtig, daß man im Bewußtsein behält, daß es sich um ein Modell, also um eine Beschreibung handelt: Man beobachtet Phänomene und sucht nach einer möglichst umfassenden und schlichten Beschreibung für alle diese Phänomene – das ist alles, was der Verstand tun kann, und das ist auch genau das, was ein Modell ist und sein kann.

Aber das ist nicht wenig – wenn ein gutes Modell treffsicher vorhersagen kann, welche Handlung welche Wirkung hat, kann es eine große Erleichterung im täglichen Leben sein.

Was ergibt sich aus den im vorigen Kapitel angeführten Versuchen für die Beschreibung der Lebenskraft?

Im Wesentlichen ist sie zunächst einmal etwas, das durch das Bewußtsein gelenkt wird – genauer gesagt, durch Konzentration (Wille) und Vorstellungskraft (Imagination). Das ermöglicht eine Vielzahl von Anwendungsmöglichkeiten:

- Lebenskraft kann versendet werden – Telepathie.
- Sie kann mit Informationen geprägt werden – Telepathie.
- Sie kann eine physische Wirkung ausüben – Telekinese.
- Die Prägung der Lebenskraft eines Gegenstandes kann eine dauerhafte Wirkung haben – Weihungen.
- Die Lebenskraft eines Menschen ist ein Abbild des physischen Körpers – der Lebenskraftkörper („Astralkörper").
- Der Lebenskraftkörper kann den physischen Körper verlassen, was letztlich nichts anderes als ein Versenden von Lebenskraft wie bei der Telepathie ist, nur daß es sich hier sozusagen nicht um eine Postsendung handelt, sondern um ein Verreisen – eine Astralreise.
- Die Lebenskraft kann im menschlichen Körper durch Akupunktur, Akupressur, Rang Dröl, Pranayama u.ä. bewegt werden, wodurch spezifische Wirkungen entstehen, was vermuten läßt, daß die Lebenskraft im Menschen kein „homogener Nebel" ist, sondern eine organisierte Struktur besitzt – die

Chakren und die Kundalini.

- Schließlich weist die Astrologie, die den Zusammenhang zwischen dem Planetenstand und den Ereignissen im Leben von Menschen, Tieren, Pflanzen, Dingen, Institutionen usw. beschreibt, darauf hin, daß alle Dinge Lebenskraft enthalten, da die Astrologie (sofern sie auf der Lebenskraft beruht) sonst nicht auf alle Dinge wirken könnte.

Da die Astrologie auch kollektive Ereignisse wie z.B. Revolutionen und Kriege beschreibt, scheint die Lebenskraft auch kollektiv organisiert zu sein, d.h. umfassende Strukturen zu besitzen, die über ein Einzelwesen hinausgehen, da sonst derartige kollektive Wirkungen kaum denkbar wären.

Die Lebenskraft ist somit eine nichtphysikalische Substanz, die von den Menschen und evtl. auch von den Planeten sowie möglicherweise auch von Tieren und Pflanzen gelenkt werden kann.

Sie kann sowohl Informationen als auch Wirkungen übermitteln.

Sie kann zudem sowohl versendet (Telepathie) als auch gespeichert (Weihungen) werden.

Die Lebenskraft zumindestens der Menschen, vermutlich aber nicht nur ihre Lebenskraft, ist strukturiert und organisiert (Chakren, Kundalini) und kann den physischen Körper zeitweilig verlassen (Astralreise), wobei in diesem Fall das Bewußtsein und die Wahrnehmungsfähigkeit an den Lebenskraftkörper und nicht an den physischen Körper gebunden sind.

Wenn man sich diese Eigenschaften der Lebenskraft anschaut, fällt eine Eigenheit des Namens „Lebenskraft" auf: Die Lebenskraft wird überall wie eine „magische Substanz" angesehen, aber sie wird nicht „Lebenssubstanz", sondern „Lebenskraft" genannt. Offenbar wird hier nicht klar zwischen „Substanz" und „Wirkung der Substanz" unterschieden.

Man könnte die Lebenskraft daher mit den Energiequanten vergleichen, die sowohl Teilchen („Quanten") als auch Kräfte („Wellen") sind – was natürlich nicht heißen muß, daß die Lebenskraft aus Energiequanten besteht. Es ist jedoch beachtenswert, daß der Widerspruch zwischen der Beschreibung und der Bezeichnung der Lebenskraft an die Welle/Teilchen-Dualität in der Physik erinnert.

Wie kommt es zu diesem auffälligen Widerspruch zwischen der Beschreibung und der Bezeichnung der Lebenskraft?

Wenn man mithilfe der Lebenskraft z.B. die Telepathie beschreibt, wird sozusagen Lebenskraft versendet; wenn man mit der Lebenskraft eine Astralreise oder die Wirkung eines Chakras beschreibt, kommt man zu dem Bild eines Körpers aus Lebenskraft. Lebenskraft ist also eine Substanz.

Wenn man mithilfe der Lebenskraft jedoch z.B. die Telekinese beschreibt, kann man dies zwar auch als Aussenden von Lebenskraft auffassen, aber auch als eine „nicht-physikalische Wechselwirkung", also als eine Kraft, die von der Lebenskraft ausgeht und einen physikalischen Gegenstand bewegt. Die Lebenskraft hat also eine physikalische Wirkung, d.h. sie sendet eine physikalische Kraft aus.

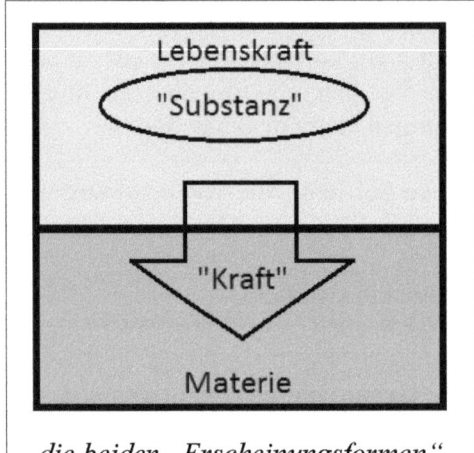

die beiden „Erscheinungsformen" der Lebenskraft

Solange man die Lebenskraft an sich betrachtet, erscheint sie als „magische Substanz", die von der physischen Welt getrennt ist. Wenn man jedoch die Wirkung der Lebenskraft in der physikalischen Welt betrachtet, erscheint sie als eine Kraft, die sozusagen „von außen her" in die physikalische Welt eingreift.

Lebenskraft ist statisch betrachtet also eine Substanz, aber dynamisch betrachtet eine Kraft. Oder anders formuliert: Solange die Lebenskraft auf der „Lebenskraft-Ebene" bleibt, erscheint sie als Substanz; wenn sie jedoch Kontakt mit der physischen Ebene aufnimmt, erscheint sie als Kraft.

Interessanterweise findet sich bei dem Welle/Teilchen-Dualismus in der Physik etwas ganz ähnliches: Ein Photon erscheint solange als Welle, wie es sich frei durch den Raum bewegt, gespiegelt wird, seine Farbe ändert o.ä., solange es also „weiterlebt". Sobald das Photon jedoch auf ein Atom stößt und von diesem „verschluckt" wird, d.h. das Energieniveau des Atoms erhöht, verhält es sich wie ein Teilchen und gibt diesem Atom einen kinetischen Impuls, also einen Stoß.

Energiequanten verhalten sich wie Wellen, solange sie als freie Energiequanten weiterexistieren. Sobald sie jedoch zu einem Teil eines Atoms werden, haben sie die Eigenschaften eines Teilchens.

In der Physik ist das Unterscheidungskriterium zwischen dem „Wellen-Charakter" und dem „Teilchen-Charakter" eines Energiequants die Frage, ob das Energiequant weiterbesteht – wenn ja, erscheint es als Welle, wenn nicht, erscheint es als Teilchen. Solange ein Energiequant weiterexistiert, kann er frei schwingen und erscheint daher wie eine Welle; wenn der Energiequant sich jedoch auflöst, fließt seine gesamte Energie in das betreffende Atom hinein, weshalb seine gesamte Energie als Teilchen (d.h. als „Stoß") in Erscheinung tritt.

Die Formulierung des Dualismus ist bei der Lebenskraft und in der Physik zwar nicht identisch, aber sehr ähnlich. Der Auflösung eines Energiequants bei einem Stoß mit einem Atom entspricht bei der Lebenskraft der Wechsel von der „magischen

Ebene" zu der „physikalischen Ebene".

Der „Wesens-Dualismus" in Physik und Magie			
		Prozeß	
		weiterbestehen	*Auflösung/Ebenen-Wechsel*
Bereich	*Physik*	Welle	Teilchen
	Lebenskraft	Substanz	Kraft

Es fällt auf, daß Energiequanten, wenn sie weiterbestehen, als Energie erscheinen – daß die Lebenskraft hingegen, wenn sie weiterbesteht, als Substanz erscheint. Zunächst einmal könnte man die Welle, also den „Energie-Charakter" des Quants eher mit dem Kraft-Aspekt als mit dem Substanz-Aspekt des assoziieren, aber diese Gleichsetzung ist nicht so sicher, wie sie zunächst einmal aussieht.

Seit Einstein ist bekannt, daß die Substanz (Masse) eine Form der Energie ist: $E=mc^2$. Es ist also passend, daß die Energiequanten in ihrer Erscheinungsform als Welle, d.h. als Energie dem Substanz-Aspekt der Lebenskraft entsprechen.

Genauso könnte man zunächst einmal den Teilchen-Aspekt der Energiequanten (Substanz, Masse) mit dem Teilchen-Aspekt der Lebenskraft assoziieren. Doch in diesem Vergleich gab es einen Unterschied: Wenn in der Physik ein Energiequant als Teilchen erscheint, ist es „gestorben", es ist gegen ein Atom gestoßen und Teil von ihm geworden, es hat also seine Daseinsform geändert, seinen Lebensbereich gewechselt.

Dasselbe gilt auch für die Lebenskraft: Sie erscheint nur dann als Kraft, wenn sie die Ebene wechselt, also von der Magie in die physische Welt wechselt.

Nun hat diese Betrachtung natürlich einen Haken: Der Welle/Teilchen-Dualismus der Physik spielt sich vollständig in der physikalischen Welt ab, während sich der Substanz/Kraft-Dualismus der Lebenskraft in zwei Welten abspielt – also in der physikalischen und in der magischen Welt.

Es stellt sich die Frage, ob die beiden Formen von Dualismus wirklich auf die hier vorgeschlagene Weise verglichen werden können. Man kann auch argumentieren, daß „Teilchen", „Welle" und „Substanz" dasselbe sind – eben Masse bzw. Energie ($E=mc^2$). Kraft ist hingegen etwas ganz anderes – man kann Masse in Energie verwandeln, aber nicht in Kraft.

Wenn man von dieser Sicht ausgeht, würde man den Substanz-Aspekt der Lebenskraft eher mit dem Teilchen-Charakter eines Energiequants vergleichen und den Kraft-Aspekt der Lebenskraft mit der Wirkung dieses Energiequants. So ist ein

Photon, also ein Energiequant des Lichtes, zum einen ein Teilchen, aber zum anderen bewirkt das Photon auch die elektromagnetische Kraft.

Ist dieser Vergleich möglicherweise präziser? Das läßt sich zunächst einmal noch nicht sagen – was ja bei einem Forschungsprojekt häufiger vorkommt ...

Man kann also zunächst einmal nur sagen, daß es sowohl in der Physik als auch in bei der Lebenskraft einen Dualismus gibt, der mit der Frage zu tun hat, ob die betrachtete Einheit bei dem Vorgang, den man untersucht, weiterexistiert oder nicht.

Ob dieses Ergebnis für das Verständnis der Lebenskraft etwas beitragen kann, ist bei dem Stand der Betrachtungen in diesem Kapitel vorerst noch unklar, aber immerhin ist durch diese Betrachtungen eine weitere Eigenschaft der Lebenskraft, eben ihre Substanz/Kraft-Dualität, deutlich geworden – worüber man sich zumindestens als Forscher schon mal freuen kann.

Man kann sich weiterhin fragen, ob das, was man beim Hellsehen sieht, eigentlich die Lebenskraft selber ist oder man da nicht das sieht, was die Lebenskraft enthält? Oder sieht man dort einfach Bewußtseinsinhalte?

Beim Sehen gibt es die Unterscheidung zwischen „Licht" und „gesehenem Objekt". Beim Sehen nimmt man generell nur Licht wahr, aber die Form, in der man das Licht wahrnimmt, ist immer entweder eine Lichtquelle oder ein Gegenstand, der das Licht dieser Lichtquelle reflektiert hat.

In dieser Form gibt es auch die Unterscheidung zwischen dem „hellsichtigen Licht", das man hellsichtig sieht, und dem Gegenstand, den man durch dieses „hellsichtige Licht" wahrnimmt.

Es gibt also zum einen die Fähigkeit dieses Hellsehens und zum anderen das, was man durch dieses Hellsehen wahrnimmt.

Die generell übliche Annahme, daß das, was man hellsichtig wahrnimmt, aus Lebenskraft besteht, ist also alles andere als gesichert.

Man kann lediglich sagen, daß man beim Hellsehen („Lebenskraft-Sehen") auf eine andere Weise als mit den physischen Augen sieht – möglicherweise benutzt man nur die Lebenskraft, um Dinge wahrzunehmen, die selber nicht unbedingt aus Lebenskraft bestehen. Dieses „andere", aus dem die Dinge bestehen, die man hellsichtig wahrnimmt, könnten entweder die physischen Dinge selber sein oder eben das Bewußtsein dieser physischen Dinge – das ist zunächst einmal noch unklar.

Auf diese Weise betrachtet, ist die Lebenskraft nicht mehr die „Substanz" einer Art von „Parallelwelt", sondern lediglich eine Form der Wahrnehmung oder noch genauer gesagt, ein Hilfsmittel bei der Wahrnehmung. Die Lebenskraft wäre dann eine Analogie zu dem Licht im Außen: ein Licht im Inneren.

Man könnte daher vermuten, daß Lebenskraft letztlich einfach eine „Tätigkeit des

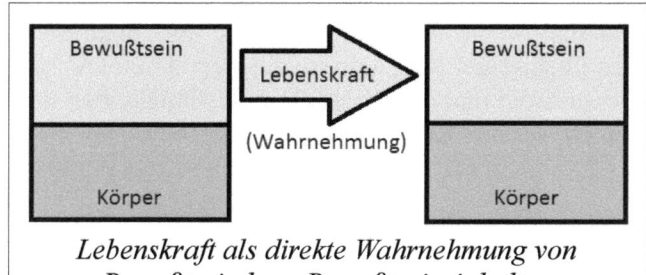

Lebenskraft als direkte Wahrnehmung von Bewußtsein bzw. Bewußtseinsinhalten

Bewußtseins" ist, die dem Sehen mit den physischen Augen entspricht.

Da die Lebenskraft auch das Mittel ist, mit dessen Hilfe man telekinetische Wirkungen erzielen kann, entspricht diese „Tätigkeit des Bewußtseins" nicht nur dem Sehen mit den physischen Augen, sondern auch dem Bewegen von Dingen mit den physischen Händen.

Es gibt noch eine Eigenschaft der Lebenskraft, die man in diesem Zusammenhang einmal näher betrachten könnte: Die Astralreise (Aussenden des Lebenskraftkörpers), die Telepathie und die Telekinese zeigen, daß die Lebenskraft eng mit dem Bewußtsein verbunden ist – enger als mit dem physischen Leib, da das Bewußtsein bei der Astralreise im Lebenskraftkörper bleibt und nicht im physischen Körper.

Hier wird eine weitere Dualität sichtbar: die von Körper und Geist, von Materie und Bewußtsein. Man darf zumindestens den begründeten Anfangsverdacht hegen, daß die Lebenskraft sehr eng mit dem Bewußtsein verbunden ist. Zumindestens sieht es so aus, also ob man die Lebenskraft nicht ohne eine Berücksichtigung der Materie/ Bewußtsein-Dualität verstehen könnte.

Wenn man der Betrachtung der Lebenskraft die allereinfachste Deutung dieses Dualismus zugrundeliegt, würde die Lebenskraft dem Bewußtsein entsprechen. Telepathie wäre dann das Aussenden von einem Teil der „Bewußtseins-Substanz" und Telekinese wäre dann der Zugriff des Bewußtseins auf eine Substanz außerhalb des eigenen Körpers, also sozusagen eine Bewußtseins-Ausdehnung, durch die diese Substanz außerhalb des eigenen Körpers vorübergehend genauso gelenkt werden kann wie der eigene Körper.

Ob dieses sehr schlichte Modell in dieser Form widerspruchsfrei und daher brauchbar ist, wird sich in den weiteren Betrachtungen zeigen.

Die Lebenskraft ist ein Beschreibungs-Modell für nicht-physikalische Zusammenhänge.

Die Lebenskraft ist in diesem Modell eine nichtphysikalische Substanz oder Kraft, die von den Menschen und evtl. auch von Tieren, Pflanzen und anderem gelenkt werden kann. Sie kann sowohl Informationen als auch Wirkungen übermitteln. Sie kann zudem versendet (Telepathie) als auch gespeichert (Weihungen) werden.

Die Lebenskraft zumindestens der Menschen ist strukturiert und organisiert (Chakren, Kundalini) und kann den physischen Körper zeitweilig verlassen (Astralreise), wobei in diesem Fall das Bewußtsein und die Wahrnehmungsfähigkeit an den Lebenskraftkörper und nicht an den physischen Körper gebunden ist.

3. Lebenskraft als Magie-Beschreibungsmodell

Mein „Kollege" Frater V.D. hat die verschiedenen Magie-Modelle in einer einfachen Übersicht zusammengefaßt und unterscheidet darin vier verschiedene Erklärungs-Ansätze:

- Magie beruht auf der Lebenskraft, mit deren Hilfe die magischen Wirkungen hervorgerufen werden.
Dieses Modell ist für die Erklärung von Telepathie, Reiki, Astralreisen u.ä. gut geeignet.

- Magie beruht auf der Hilfe von Ahnen, Geistern, Göttern usw., durch die die magischen Wirkungen hervorgerufen werden.
Dieses Modell ist für die Erklärung von Spiritismus, Familienaufstellungen, Anrufungen, Weihungen, Wunder u.ä. gut geeignet.

- Magie ist vor allem ein Vorgang in der Psyche, die durch einen nicht näher definierten Vorgang die magischen Wirkungen hervorruft.
Dieses Modell ist für die Erklärung der Tiefenpsychologie von C.G. Jung, Sigillen-Magie, „Wünsche an das Universum" u.ä. gut geeignet.

- Magie beruht auf dem Austausch von Informationen, mit denen auch die magischen Wirkungen verbunden sind.
Dieses Modell ist für die Erklärung von Telepathie, Kartenlegen, Astrologie u.ä. gut geeignet.

Die beiden ersten Modelle, also das Lebenskraft-Modell und das Geister/Götter-Modell sind am ältesten und am weitesten verbreitet. Die beiden anderen Modelle stammen aus dem letzten Jahrhundert.

Diese vier Modelle sind letztlich aber nicht grundlegend getrennt, sondern vier Aspekte desselben umfassenderen Modells, das auf einer erweiterten Beschreibung der Eigenschaften der Lebenskraft beruht:

- Wenn die Lebenskraft 1. eine Struktur hat, 2. mit dem Bewußtsein verbunden ist, und 3. sich als ganzes z.B. von einem Menschen trennen kann (Astralreise), dann sollte man davon ausgehen können, daß diese strukturierten, von Bewußtsein erfüllten und eigenständigen „Lebenskraft-Organismen" den Geistern und Göttern entsprechen.

- Das psychologische Modell betrachtet die Inhalte der Psyche des Menschen. Da die Psyche als die Gesamtheit der Inhalte des Bewußtseins eines Menschen jedoch weitgehend mit dem Lebenskraftkörper eines Menschen identisch ist (der das Bewußtsein dieses Menschen enthält), ist das psychologische Modell vor allem eine Einschränkung auf die Betrachtung der Lebenskraft-Inhalte und Lebenskraft-Strukturen eines einzelnen Menschen.

Das kollektive Unterbewußtsein der Menschen wäre dann die Gesamt-Organisation der Psychen aller Menschen in einer übergeordneten Struktur.

- Da die Lebenskraft mit Informationen (meistens Bildern) geprägt werden kann, ist das Informations-Modell vor allem die Betrachtung des „Postversand-Aspektes" des Lebenskraft-Modells.

Diese vier verschiedenen Magie-Modelle lassen sich somit als verschiedene Aspekte des Lebenskraft-Modells auffassen.

Das erfreuliche daran ist im Zusammenhang mit diesem Buch, daß diese vier Modelle keine weiteren Annahmen von Eigenschaften o.ä. der Lebenskraft erfordern und daß das im vorigen Kapitel entworfene, recht schlichte Modell vorerst beibehalten werden kann.

Die Astrologie und die in der Magie so auffällige Analogie-Ordnung der Dinge läßt sich mithilfe dieser Modelle noch nicht erklären.

> Die Lebenskraft ist eine nicht-physikalische Substanz, die eng mit dem Bewußtsein verbunden ist und daher auch als Astralkörper, Geister, Götter u.ä. erscheinen kann. Sie enthält Informationen und entspricht der Psyche.

4. Aura-Sehen

In der Magie und unter Heilern wird viel von „Lebenskraft" gesprochen – wie wird sie überhaupt wahrgenommen? Oder ist sie nur ein abstraktes Konzept?

Es gibt Menschen, die die Lebenskraft sehen können. Diese Art der Wahrnehmung wird sogar unabhängig von der Kultur, zu der der Betreffende gehört, ausgesprochen einheitlich beschrieben: ein milchigweißes Leuchten mit einem leichten Blauschimmer. Dieses Phänomen hat zu der Beschreibung des Lebenskraftkörpers von Verstorbenen als „Bettlaken-Gespenstern" geführt. Am einfachsten ist dieser Lebenskraftkörper um den Kopf herum wahrnehmbar – was das Motiv des Heiligenscheins hat entstehen lassen.

Manchmal sieht man auch Strukturen in dem Lebenskraftkörper – verschiedene Farbschimmer, Farblinien, ein Strahlen, die Chakren, die Kundalini usw. Offenbar sind auch Strukturen innerhalb des Lebenskraftkörpers wahrnehmbar.

milchigweißer   rote Leuchtdiode   milchigweißer
„Tropfen"   mit rotem Strahlenkranz   „Tropfen"

Es hat den Anschein, als ob nicht nur Lebewesen Lebenskraft hätten, sondern auch manche andere Dinge. Am einfachsten ist das „Aura-Sehen" anscheinend bei Leuchtdioden – zumindestens fällt es mir da am einfachsten. Interessanterweise hat auch eine rote Leuchtdiode eine milchigweiße Aura (siehe meine eigene Wahrnehmung in der Skizze) – dieser Farbunterschied schließt eine optische Täuschung weitgehend aus. Der Grund für die Tropfenform dieser Aura ist mir unklar – er erinnert an die beiden „Jets", also die beiden Strahlen, die bei einer Galaxie nach zwei entgegengesetzen Seiten hin aus dem Zentrum der Galaxie-Scheibe ins Weltall hinausragen (siehe Photo auf Seite 32).

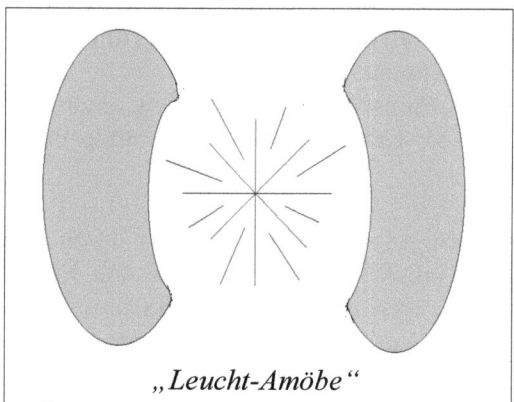

„Leucht-Amöbe"

Es scheint auch des öfteren eine Vision zu geben, die aus einer Art „Leucht-Amöbe" besteht, die die Form einer Bohne hat und deren Rand wie filzartig ausgefranst ist. Auch sie hat die milchigweiße Farbe mit dem leichten Blauschimmer. Manchmal tritt auch eine zweite „Bohne" symmetrisch zur ersten auf. Manchmal ist dann zwischen ihnen eine Art „Stern" zu sehen (siehe Skizze).

Diese „Leucht-Amöben" sind jedoch

nicht fest an einen Ort im Außen gebunden wie die Aura der Leuchtdiode, sondern anscheinend an die eigene Blickrichtung gekoppelt, was auf einen inneren Vorgang schließen läßt – eine Wahrnehmung eines Teiles des eigenen Lebenskraftkörpers?

Das Sehen der Lebenskraft ist in der Regel in der Dämmerung am einfachsten, wenn die Augen in der physischen Welt nur wenig wahrnehmen können.

Manche Menschen können die Lebenskraft leichter ertasten als sehen – meistens als eine Art Widerstand, den man auf Distanz spüren kann.

Auch die Wahrnehmung der Lebenskraft als ein Vibrieren von meistens 6Hz gehört zu den Tastempfindungen.

Nah damit verwandt ist die Wahrnehmung der Lebenskraft als Temperaturunterschied, d.h. als eine Art von „prickelnder Hitze".

Die „prickelnde Hitze" spürt man vor allem dann, wenn man die Aura, also den Rand des Lebenskraftkörpers eines anderen Menschen berührt. Das ist am einfachsten zu spüren, wenn der andere gerade sehr aktiv ist wie z.B. beim Tanzen.

Ein Extremfall der Wahrnehmung der Lebenskraft als Wärme ist die aufsteigende Hitze der Kundalini.

Die zweite Form der Wahrnehmung (Widerstand auf Distanz) kenne ich vor allem bei Wanderungen in Höhlen oder im nächtlichen Wald, wenn man so gut wie nichts mehr sehen kann.

Ebenfalls noch recht weit verbreitet ist das „Hören" der Lebenskraft bei dem „telepathische Hören", das man auch zu den Lebenskraft-Phänomenen zählen kann.

Der Geruchssinn und der Geschmackssinn tauchen nur ausgesprochen selten als Wahrnehmungsform für die Lebenskraft auf.

Die optische Wahrnehmung der Lebenskraft scheint am weitesten verbreitet zu sein, während die Tastsinn-Wahrnehmung der Lebenskraft die Art der Wahrnehmung zu sein scheint, die sich mit einigem Bemühen am sichersten erwecken läßt.

Es ist sinnvoll, zu schauen, welche Form der Lebenskraft-Wahrnehmung einem am leichtesten fällt – schon um sich das Erlernen der Lebenskraft-Wahrnehmung möglichst einfach zu machen.

Bei dieser Betrachtung fällt etwas Merkwürdiges auf: Bilder werden durch das Sehen mithilfe des Auges wahrgenommen, Geräusche werden durch das Hören mithilfe des Ohres wahrgenommen, Gegenstände werden mithilfe des Tastens durch die Haut wahrgenommen usw. Doch das gilt nicht für die Wahrnehmung der Lebenskraft.

Die Lebenskraft wird durch das Bewußtsein als Bild, Klang, Berührung usw. wahrgenommen, also in der „Sprache" eines der physischen Sinne. Es gibt keine eigenständige Wahrnehmung der Lebenskraft, die dem Sehen des Auges oder dem Hören des Ohres entsprechen würde. Offenbar muß die Wahrnehmung der Lebenskraft in die Sprache eines der physischen Sinnesorgane „übersetzt" werden.

Das führt zu dem Verdacht, daß die Wahrnehmung der Lebenskraft auf eine andere Weise stattfindet als die Wahrnehmung der physischen Welt. Man hat den Eindruck, als ob die verschiedenen physischen Wahrnehmungen eine Art „Monitor" bilden würden, mit deren Hilfe die Lebenskraft-Wahrnehmungen abgebildet werden.

Man könnte stattdessen auch sagen, daß die Inhalte der Wahrnehmung der Lebenskraft nicht aus Lebenskraft, sondern aus den kleinsten Elementen der physischen Wahrnehmungen aufgebaut sind: aus Licht, Klang, Berührung usw.

Das Gehirn des Menschen enthält vor allem optische Informationen – das Sehen von Lebenskraft als Licht („Hellsehen") ist am weitesten verbreitet.

Der Tastsinn ist sehr wahrscheinlich die älteste Art der Wahrnehmung – das Tasten ist die Form der Lebenskraft-Wahrnehmung, die anscheinend so gut wie alle Menschen erlernen können.

Wenn man nun diese Betrachtung im Zusammenhang mit den Überlegungen in den beiden vorigen Kapiteln sieht, entsteht der Eindruck, daß die Inhalte der Lebenskraft bzw. die Wahrnehmung der Lebenskraft aus der physischen Welt stammen würde, genauer gesagt, aus den Elementen der Wahrnehmung der physischen Welt mit den physischen Sinnen.

Was nimmt man da eigentlich wahr, wenn man Lebenskraft wahrnimmt? Die Inhalte des Bewußtseins? Oder eine tiefere Schicht des Bewußtseins, auf der z.B. keine vollständigen Bilder, sondern nur Licht und Farbe vorhanden sind? Sind diese Wahrnehmungen in irgendeiner Weise organisiert?

Einen ersten Anhaltspunkt bietet eine Reihe von Phänomenen, die man beim Meditieren, bei Traumreisen und bei ähnlichen „inneren Tätigkeiten" erleben kann: Es scheint verschiedene Formen des „inneren Sehens" zu geben – genau genommen sind es fünf Formen plus zumindestens noch eine recht markante Übergangsform:

1. Die äußere Welt sieht man durch das von einer äußeren Lichtquelle stammende Licht, das von Gegenständen reflektiert wird.

2. Im Traum und auf Traumreisen sieht man in der Regel schemenhafte Bilder, die z.T. „koloriert" sind. Die Lichtquelle ist ein diffuser, mild-heller „Licht-Nebel", der alle Orte erfüllt.

- Wenn die Meditation oder die Traumreise tiefer wird, beginnen einzelne

Symbole farbiger zu werden, leicht zu leuchten und sehr scharfe Konturen zu erhalten. Zudem beginnen die Bilder ständig von einer Form zur nächsten zu fließen.

3. Auf der nächsten Stufe sieht man einzelne schlichte Bilder von tiefer Bedeutung, die intensiv von innen her farbig leuchten.

4. Als nächstes kommt man in einen Bereich, in dem man „Konturen im Licht" sieht, die Urbilder sind.

5. Schließlich kann man in einen Bereich gelangen, der nur aus einem gleißend weißen Licht besteht.

Diese fünf Arten des Sehens plus den Übergang stehen auch mit Meditations-Systemen u.ä. in Zusammenhang wie z.B. mit dem kabbalistischen Lebensbaum, in dem diese fünf Arten des Sehens den fünf Ebenen Malkuth, Yesod, Tiphareth, Da'ath und Kether (zusammen die „Mittlere Säule") entsprechen.

Zumindestens hat man anhand dieser Folge den Eindruck, als ob es stimmen könnte, daß die Lebenskraft (oder das Bewußtsein) stufenförmig von einem allumfassenden Einen hin zu dem differenzierten Konkreten aufgebaut ist – in dem oben genannten Beispiel also vom „Licht an sich" bis hin zu der Wahrnehmung des Bleistifts in der eigenen Hand.

Die Lebenskraft hat keine eigene Wahrnehmungsform, sondern wird in den Formen der physischen Sinne als Bild, Ton, Berührung, Hitze usw. wahrgenommen.

Die Lebenskraft kann auch „objektfrei" als Licht wahrgenommen werden – möglicherweise entspricht dem auch die aus der Meditation gut bekannte innere „Stille".

5. Traditionelle Lebenskraft-Vorstellungen

Wenn man sich in älteren Kulturen und in „naturnahen Kulturen" umschaut, findet man überall das Konzept der Lebenskraft wieder. Die beiden bekanntesten Namen für die Lebenskraft sind vermutlich das indische Prana und das altägyptische Ankh.

Auch die Vorstellung eines Lebenskraftkörpers ist so gut wie weltweit verbreitet. Manchmal ist er sozusagen einfach die „Substanz" der Seele; manchmal gibt es es ein sehr differenziertes System von verschiedenen Aspekten des nichtmateriellen Körpers.

Die Differenzierungen orientieren sich zum Teil wie bei den alten Ägyptern an verschiedenen Symbolen der Seele:

- Stern („Sa"-Körper),
- Vogel („Ba"-Körper) und
- Lebenskraft („Ka"-Körper).

In anderen Systemen wie u.a. dem der Theosophie und der Anthroposophie wird der Lebenskraftkörper anhand seiner Fähigkeiten differenziert:

- Geist (Seele als das, was sich im Menschen inkarniert hat; Bewußtsein),
- Astralkörper (Gefühle),
- Mentalkörper (Denken), und
- Ätherkörper (Lebenskraft).

Die verschiedenen nicht-materiellen Körper sind also eigentlich nicht verschiedene Lebenskraftkörper, sondern entweder verschiedene Symbole für den Lebenskraftkörper oder lediglich Unterscheidungen der Fähigkeiten des Lebenskraftkörpers.

Das Lebenskraft-Modell bleibt also vorerst noch immer recht schlicht ...

Weit verbreitete Lebenskraft-Vorstellungen in so gut wie allen Kulturen sind auch die Geister der Ahnen (Gespenster), der Tiere (Krafttiere), der Pflanzen („Elfen") und der Mineralien (manchmal recht ungenau als „Zwerge" bezeichnet) sowie die Götter, wobei diese nur selten deutlich als „Lebenskraft-Wesen" beschrieben werden.

Auch die Magie wird generell mit der Lebenskraft in Verbindung gebracht, was die „magischen Heilungen" miteinschließt.

Telepathie-Experimente mit Tieren zeigen (z.B. ein Kaninchen vor der Schnauze eines Hundes imaginieren), daß auch Tiere auf Telepathie reagieren und somit einen Lebenskraftkörper haben – wo sollte auch die „Lebenskraftkörper-Grenze" zwischen Menschen und Tieren sein?

Das „Besprechen" von Pflanzen und der „grüne Daumen" zeigen weiterhin, daß auch die Pflanzen einen Lebenskraftkörper haben. In den Mythologien und Religionen treten diese „bewußten Lebenskraft-Körper" als „Geistwesen" auf: angefangen von den Pflanzengeistern über die Krafttiere und die Krafttier-Mütter wie die „Weiße Wölfin" oder die „Weiße Büffelfrau" bis hin zu den Gottheiten.

Auch Berge haben manchmal einen „Geist" und ein Meeresgott ist in gewisser Weise auch der „Lebenskraftkörper eines Meeres".

Das Konzept der Lebenskraft ist weltweit verbreitet. Sie ist in allem enthalten und wird oft als Geist oder Gottheit personifiziert.

Es gibt keine traditionellen Vorstellungen über verschiedene Arten von Lebenskraft, sondern nur von verschiedenen Erscheinungsformen der Lebenskraft.

6. Traditionelle Eigenschaften der Lebenskraft

Es gibt auch Eigenschaften der Lebenskraft, die in den Mythologien des öfteren erwähnt werden.

Die wichtigste Eigenschaft der Lebenskraft ist zweifellos die Lebendigkeit – ein lebendiges Wesen hat Lebenskraft – ein totes Wesen hat keine oder kaum noch Lebenskraft. Daher kann eine Krankheit auch durch einen Mangel an Lebenskraft verursacht worden sein.

Als die Quelle dieser Lebenskraft wird in den ältesten Mythen in der Regel die Muttergöttin angesehen. In den neueren Mythen tritt dann der Sonnengott und später der Königsgott an ihre Stelle, bis die Lebenskraft schließlich zu einem Aspekt des einen Gottes wird wie z.B. in der christlichen Dreieinigkeit der Heilige Geist.

Die Lebenskraft wird oft als Licht oder als Feuer beschrieben, was sich jedoch mehr auf die Wahrnehmung der Lebenskraft bezieht als auf die Eigenschaften der Lebenskraft. Allerdings wird mithilfe der Erweckung der Kundalini, also des Flusses der Lebenskraft im eigenen Körper auch ganz reale Hitze erzeugt, mit der sich u.a. die Yogis in Tibet warmhalten.

Eine weitere Qualität der Lebenskraft in den Mythologien ist die „Richtigkeit". Genaugenommen ist sie jedoch keine Eigenschaft der Lebenskraft, sondern nur ein eng mit ihr verbundenes Konzept. Diese Richtigkeit findet sich z.B. als die Folge der Jahreszeiten, als der richtige Aussaattermin, als die Geradheit der Achse der Töpferscheibe, als die Rundheit eines Rades, als das Gestimmtsein einer Harfe usw. Die Quelle dieser Richtigkeit ist die Geborgenheit und die Fülle bei der Muttergöttin, aus der dann im Königtum die „gute Herrschaft" des Sonnengottes geworden ist.

Aber auch jeder einzelne Mensch hat seine Richtigkeit: das Handeln im Einklang mit der eigenen Seele. Diese Richtigkeit ist das zentrale Ordnungsprinzip in den mythologisch-magischen Weltbildern: die Ma'at der Ägypter, das Me der Sumerer, das Rita bzw. Dharma der Inder, das Tashi der Tibeter, das Ho'zhong der Navaho usw.

Die Lebenskraft erhält also, wenn sie auf die richtige Weise fließt, das Leben.

Die Lebenskraft erhält das Leben, ist eng mit der „Richtigkeit" verbunden und wird vor allem als Licht oder Hitze wahrgenommen.

7. Die Gottheiten der Lebenskraft

Es gibt eigentlich nur eine Gottheit, die vor allem die Lebenskraft repräsentiert: Shakti, die Gefährtin des Shiva. Sie ist allerdings eher eine sekundäre Gestalt, d.h. eine späte Personifizierung der Lebenskraft des Shiva und nicht primär eine eigenständige Göttin, die den Menschen die Lebenskraft bringt o.ä.

Da die Lebenskraft jedoch eng mit der Fülle verbunden ist sowie auch mit der Ernährung, durch die ein Teil der Lebenskraft aufgenommen bzw. durch die das Leben erhalten wird, sind im erweiterten Sinne auch die Muttergöttinnen Lebenskraft-Göttinnen – insbesondere diejenigen, die beim Stillen eines Säuglings dargestellt werden wie z.B. Isis oder Maria.

der Sonnengott, dessen Strahlen in Händen enden, die z.T. das Ankh-Lebenssysmbol halten

Wenn man den Rahmen noch weiter spannt, kann man auch noch die Sonnengötter hinzunehmen, deren Sonnenstrahlen manchmal als das Leben, das sie zur Erde senden, aufgefaßt wird. Das bekannteste Motiv dieser Art sind vermutlich die Darstellungen aus der Herrschaftszeit des Pharaos Echnaton, auf denen die oft die Sonne dargestellt worden ist, deren Strahlen in Händen enden, die u.a. dem Pharao die Lebens-Hieroglyphe „Ankh" reichen.

Man könnte auch noch die „kosmische Kundalini" zu den Lebenskraft-Gottheiten rechnen, aber da sie mehr ein kosmologisches Konzept als eine konkrete Gottheit ist, wäre das doch recht weit herbeigezogen.

Teilweise gibt es auch Konzepte einer Lebenskraft-Ebene, die recht alt sind wie z.B. der Yesod-Bereich aus der Kabbala. Allerdings sind diese Konzepte in den alten Mythologien nirgendwo besonders deutlich ausgearbeitet worden.

Was läßt sich aus diesem auffälligen Mangel an Lebenskraft-Gottheiten schließen?

Offenbar ist die Lebenskraft zwar eine Vorstellung, die es schon seit langer Zeit gibt, aber die nicht an eine bestimmte Gottheit gebunden ist, sondern die eine Art Hintergrund der Mythologie gebildet hat: Die Mythologie beschreibt Vorgänge im Bereich der Lebenskraft. Allerdings sind die Vorgänge in der materiellen Welt nicht so deutlich von den Vorgängen in der inneren, magisch, mythologischen Welt getrennt worden.

Die Lebenskraft ist in den Mythen sozusagen so selbstverständlich und allgegen-wärtig wie die Luft.

Die Lebenskraft ist in den Mythen eine selbstverständliche Vorstellung, aber sie wird nur in wenigen Fällen und dann auch erst spät, zu einer Gottheit personifiziert.

8. Chakren und Kundalini

Das Fließen der Lebenskraft ist ein Vorgang, der des öfteren beschrieben wird. Es hat also den Anschein, als ob diese Lebenskraft nicht statisch wäre, sondern dynamisch. Das bedeutet, daß die mit dieser Lebenskraft verbundene Ordnung ebenfalls keine einfache, feste Verteilung ist, sondern eher so etwas wie ein bestimmtes, vermutlich in Grenzen variables Schwingungsmuster.

Es wäre interessant zu wissen, ob sich die Lebenskraft in einer bestimmten Weise bewegt, also ob sie eine bestimmte Dynamik hat. Leider ist darüber nicht allzuviel bekannt.

Am genauesten ist bisher das Fließen der Lebenskraft im Menschen erforscht worden. Im Menschen steigt die Lebenskraft innen im Körper empor, breitet sich über dem Kopf aus, fließt außen um den Körper herum wieder nach unten, sammelt sich unter dem Körper und steigt dann erneut auf. Diese Konvektions-Strömung („Kreis-Strömung") ist wie ein Springbrunnen: Das Wasser steigt als Strahl empor, bildet oben eine Fontaine, fällt als Tropfen wieder herab und sammelt sich dann wieder unten an dem Strahl, um dann erneut aufzusteigen.

Der Pumpe unten an dem Strahl des Springbrunnens entspricht das Wurzelchakra, in dem die Kundalini geweckt werden kann, die dem aufsteigenden Strahl entspricht.

Dieser Lebenskraft-Strahl durchläuft bei seinem Aufstieg im Menschen insgesamt sieben Chakren, die man als die Organe des Lebenskraftkörpers auffassen kann. Die Konvektionsströmung der Lebenskraft einschließlich der Kundalini wäre dann der Blutkreislauf des Lebenskraftkörpers.

Die Chakren, also diese Lebenskraft-Organe sind polar und symmetrisch um das Herzchakra herum aufgebaut:

Die Chakren		
Name	*Lage*	*Eigenschaft und Funktion*
Scheitelchakra	Scheitel	geistiger Kontakt
Drittes Auge	zwischen den Augenbrauen	äußere Orientierung
Halschakra	Halsmitte	sozialer Selbstausdruck
Herzchakra	Brustmitte	Identität
Sonnengeflecht	kurz über dem Nabel	physischer Selbstausdruck
Hara	kurz unter dem Nabel	innerer Halt
Wurzelchakra	zwischen Genitalien und After	körperlicher Kontakt

Zwischen diesen Hauptchakren befinden sich die Nebenchakren, die den Charakter von Toren zwischen den sieben Hauptchakren haben, an denen Verwandlungen auf dem Weg von dem einen zu dem anderen Hauptchakra stattfinden.

Die Chakren und die Nebenchakren		
Name	*Lage*	*Eigenschaft und Funktion*
Scheitelchakra	Scheitel	geistiger Kontakt
Stirnchakra	*Haaransatz*	*Orientierung wird Kontakt*
Drittes Auge	zwischen den Augenbrauen	äußere Orientierung
Gaumenchakra	*Gaumen*	*Authentizität wird Orientierung*
Halschakra	Halsmitte	sozialer Selbstausdruck
Thymuschakra	*oben am Brustbein*	*Identität wird Authentizität*
Herzchakra	Brustmitte	Identität
Wunschbaum	*unten am Brustbein*	*Identität wird Wunsch*
Sonnengeflecht	kurz über dem Nabel	physischer Selbstausdruck
Nabelchakra	*Nabel*	*Wunsch wird Haltung*
Hara	kurz unter dem Nabel	innerer Halt
Schamhaarchakra	*Schamhaaransatz*	*Haltung wird Begegnung*
Wurzelchakra	zwischen Genitalien und After	körperlicher Kontakt

Auch die Nebenchakren sind polar und symmetrisch angeordnet: das Thymuschakra und der Wunschbaum befinden sich oben und unten am Brustbein; das Gaumenchakra ist an dem Ort, an dem ein Mensch nach seiner Geburt Nahrung aufnimmt, und das Nabelchakra ist an dem Ort, an dem ein ungeborenes Kind Nahrung aufnimmt; das Stirnchakra liegt am Ansatz des Haupthaars und das Schamhaarchakra am Ansatz des Schamhaars.

Es gibt noch eine weitere polar-symmetrische Struktur im Lebenskraftkörper: Neben dem senkrechten „Hauptkanal" der Lebenskraft in der Mitte des Körpers gibt es noch zwei weitere „Kanäle" links und rechts neben ihm, in denen die Lebenskraft fließt. Der mittlere „Kanal" wird im Yoga „Sushumna" genannt, die beiden äußeren „Ida" und „Pingala". Der mittlere „Kanal" enthält das Bild der Seele, die beiden Außenkanäle das Bild des inneren Mannes bzw. der inneren Frau – diese beiden „Außenkanäle" sind also nicht nur von ihrer Lage her, sondern auch von ihrer

Qualität und Funktion her polar-symmetrisch.

Es hat den Anschein, als ob die Polarität eine wesentliche Eigenschaft der Lebenskraft sei, da sie an vielen Stellen dieser Betrachtung auftaucht.

Das System der Chakren ist noch komplexer, da es u.a. auch in den Armen und Beinen Chakren gibt und da es nicht nur dort, wo die Sushumna von einem Chakra zum nächsten geht, eine Nebenchakra („Tor") gibt, sondern auch dort, wo die beiden Nebenkanäle von einem Chakra zum nächsten gehen. Diese vielen Chakren und Nebenchakren machen den größten Teil der Punkte auf dem Körper aus, die man in der Meditation, der Akupunktur, der Akupressur, im Ayurveda, im Rang Dröl, in der Astrologie (Häuser-Körperzonen-Analogie) usw. benutzt.

Wenn man alle diese Körper-Punkte aus den verschiedenen Traditionen zusammen betrachtet, ergibt sich ein polar-symmetrisches Bild, das zum einen durch die große Anzahl der Punkte zwar recht komplex ist, aber durch die Schlichtheit des Aufbaus dieser Struktur aber auch wieder sehr einfach ist.

Dieses System habe ich in meinem Buch „Das Chakrensystem mit den Nebenchakren" ausführlich dargestellt.

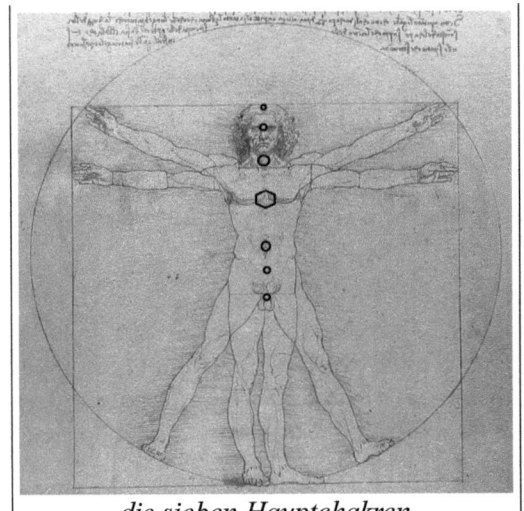 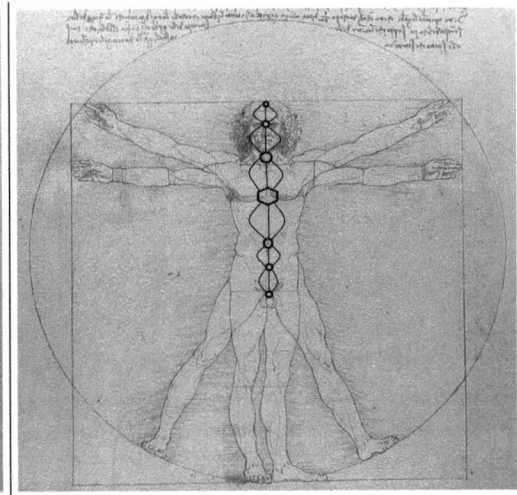

die sieben Hauptchakren   *die Hauptchakren und die drei „Kanäle"*

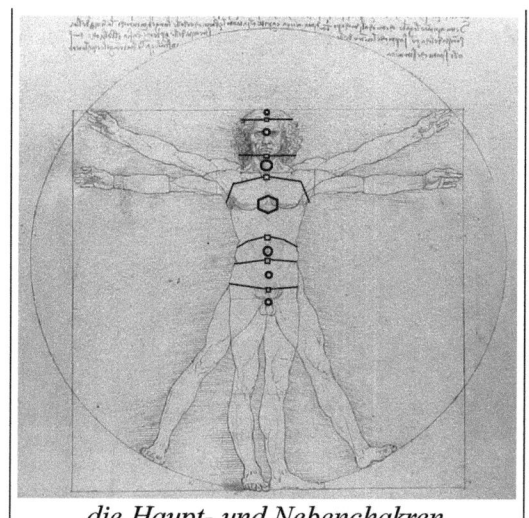
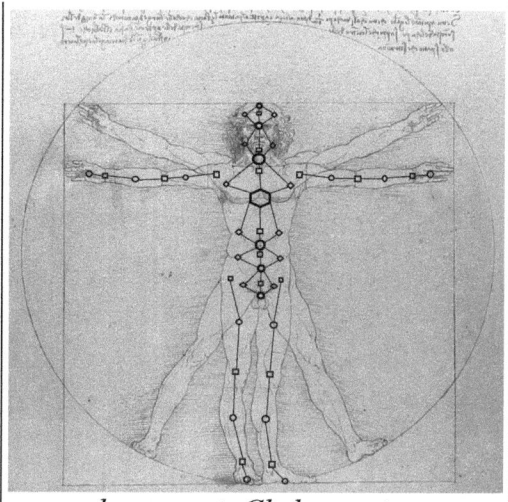

| *die Haupt- und Nebenchakren* | *das gesamte Chakrensystem* |

Die drei für die Erforschung der Lebenskraft wichtigen Eigenheiten, die in dieser Betrachtung deutlich geworden sind, sind

1. die Neigung der Lebenskraft zur Ausbildung komplexer Strukturen,
2. die Neigung der Lebenskraft zu einer polar-symmetrischen Anordnung,
3. das Fließen in der Form einer Konvektionsströmung.

Die Lebenskraft organisiert sich in einer polar-symmetrischen Struktur. Diese Struktur-Elemente der Lebenskraft sind im Menschen vor allem die sieben Hauptchakren („Lebenskraft-Organe"), die durch eine Konvektionsströmung („Lebenskraft-Kreislauf") miteinander verbunden sind. Ein Teil dieses Kreislaufs ist die Kundalini.

---

9. Chakren, Sterne und Vajra

Die Struktur, die sich in dem Chakren-System zeigt, ist auch an anderen Orten zu finden – am deutlichsten sichtbar ist sie in dem Aufbau einer Sonne, also eines Sterns. Als Symbol findet sie sich als Vajra in den indogermanischen Religionen.

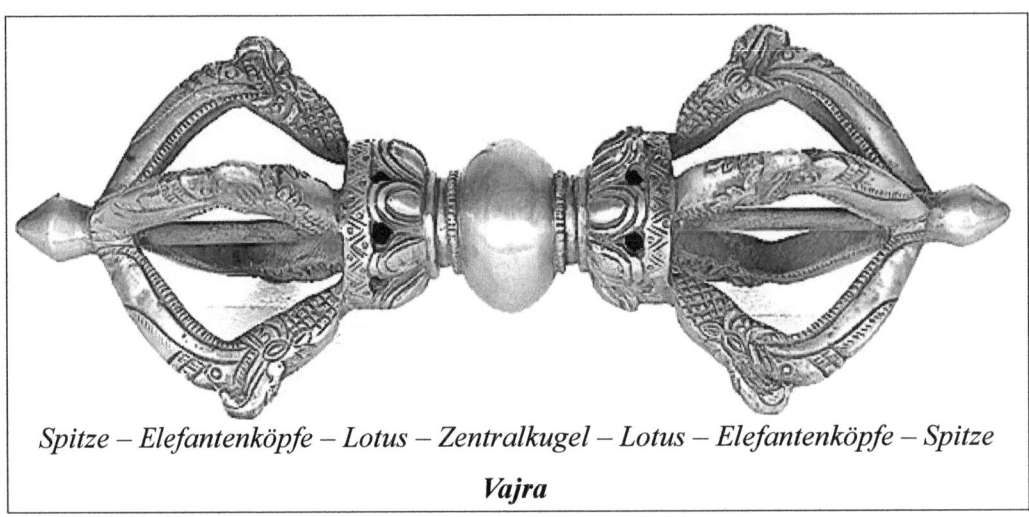

Spitze – Elefantenköpfe – Lotus – Zentralkugel – Lotus – Elefantenköpfe – Spitze

Vajra

In der Mitte eines Sonnensystems befindet sich ein Stern – in unserem Sonnensystem also der Stern, der „Sonne" genannt wird. Seine Masse ist so groß, daß der durch die Gravitation (Zusammenziehung) entstehende Druck in der Mitte so hoch ist, daß er die kleineren Atome (Wasserstoff) zu größeren Atomen (Helium) „zusammenquetscht". Da in einem Helium-Atom günstigere Energie-Verhältnisse herrschen als in einem Wasserstoff-Atom, wird dabei Energie frei – die Sterne werden „heiß". Diese Energie strahlt der Stern dann ab – die Sterne (und die Sonne als einer von ihnen) leuchten.

Dieser Stern ist das Zentrum seines Systems. Er entspricht dem Herzchakra sowie der Kugel in der Mitte des Vajras.

Die Sonne strahlt nicht nur Licht, d.h. Photonen aus, sondern auch Elektronen und kleine Atomkerne (von Wasserstoff und Helium), d.h. Ionen. Diese Strahlung wird „Sonnenwind" genannt.

Da dieser Sonnenwind immer dieselbe Richtung hat (von der Sonne fort), stoßen diese Photonen, Elektronen und Ionen gegen den feinen Sternenstaub, der sich überall in einer Galaxie und somit auch rings um die Sterne (und die Sonne) befindet, von der Sonne fort.

Eine mittelgroße Galaxie besteht aus ca. 100 Milliarden Sternen (Sonnen).

Der Sonnenwind führt dazu, daß rings um die Sonne ein Bereich entsteht, in dem der Sonnenwind den Sternenstaub, d.h. alle Fremdkörper (Elektronen, Ionen, feiner Gesteinsstaub) von der Sonne fortgeschoben hat.

Dieser Bereich entspricht dem Sonnengeflecht und dem Halschakra, deren Tätigkeit darin besteht, den Willen der Seele im Herzchakra in Form von konkreten Wünschen umzusetzen und dabei ebenfalls alle Hindernisse aus dem Weg zu räumen, sodaß die Wünsche realisierbar werden.

Die Gefühle des Sonnengeflechtes und des Halschakras sind die Ausstrahlungen der Identität im Herzchakra sind – sie sind wie der Sonnenwind, den die Sonne ausstrahlt.

Die Gefühle sollten im Herzen verankert sein – so wie die Sonnenstrahlen in der Sonne. Und die Gefühle sollten hemmungslos und ungehindert nach außen hin in die Welt strahlen – so wie der Sonnenwind in den Umraum der Sonne.

Dieser Sonnenwind-Bereich entspricht den beiden Lotusblüten des Vajras.

Da durch den Sonnenwind der ganze Sternenstaub von der Sonne fortgeschoben wird, entsteht vor dem Sonnenwind eine Stoßfront – die Hülle einer großen Hohlkugel in weiter Entfernung von dem Stern (bei der Sonne weit außerhalb der Pluto-Umlaufbahn).

Diese Stoßfront ist wie der Schnee vor einem Schneeschieber, der immer in dieselbe Richtung fährt. Der Schneehügel, der sich vor dem Schneeschieber aufhäuft, wird dabei immer größer.

Die Stoßfront vor dem Sonnenwind hat die Form einer riesigen Hohlkugel. Sie enthält insgesamt in etwa genausoviel Masse wie die gesamte Erde, aber da sie als feinster Staub auf eine riesige Kugeloberfläche verteilt ist, deren Zentrum die Sonne ist, ist sie nirgendwo als ein festes Gebilde greifbar – sie ist eher wie eine feine Nebelschicht rings um das Sonnensystem.

Durch den ständig wehenden Sonnenwind, der von innen her gegen diese Stoßfront drückt, dehnt sich diese „Nebel-Kugelhülle" immer weiter aus.

An der Stoßfront begegnet der Sonnenwind (der Impuls des Sternes) der Materie, die den Stern umgibt, und formt einen Grenzbereich. Dieser Grenzbereich besteht aus der von dem Stern in der Form des Sonnenwindes abgestrahlten Materie sowie aus dem Sternenstaub, auf die der Stern auf seinem Weg durch die Galaxie, zu der er gehört, trifft.

Auf dieselbe Weise treffen die Impulse des Sonnengeflechtes und des Halschakras in ihrem Umraum, d.h. im Hara und im Dritten Auge, auf die Gegebenheiten in der Welt, in der sie die Wünsche, die von dem Herzchakra ausgehen, verwirklichen wollen.

Dort, wo zwei verschiedenen Kräfte aufeinandertreffen, entsteht immer eine Form, die sich aus dem Wesen dieser beiden Kräfte ergibt. So ergeben sich auch aus den

Impulsen des Herzchakras eines Menschen und aus der Eigendynamik der anderen Menschen in seinem Umraum und der Dinge in der diesen Menschen umgebenden Welt die Strukturen in dem Leben dieses Menschen. Dieser formende Vorgang ist auch im Inneren des Menschen zu finden, wenn seine konkreten Impulse (Sonnengeflecht und Halschakra) auf die Welt treffen und anhand dessen, was sie dort vorfinden, bestimmte Haltungen (Hara) und Vorgehensweisen (Drittes Auge) entstehen lassen.

Diese Stoßfront entspricht den Elefantenköpfen, die aus den beiden Lotusblüten hervorkommen.

Wenn sich ein Gegenstand durch eine andere Substanz bewegt, entsteht vor diesem Gegenstand in der Richtung seiner Bewegung eine Bugwelle – wie bei einem Schiff.

Diese Bugwelle entsteht dadurch, daß das Schiff gegen die Wassermoleküle stößt und diese Wassermoleküle dabei von dem Schiff nach vorne hin fortgestoßen werden – so wie ein Ball fortgestoßen wird, wenn man gegen ihn tritt. Wenn man einen Weg entlanggehen würde, auf dem viele Bälle liegen und man gegen jeden Ball treten würde, würden vor einem ständig Bälle in die eigene Bewegungsrichtung fortfliegen und eine Bugwelle aus Bällen bilden.

Auch die Stoßfront vor dem Sonnenwind ruft durch ihre ständige, allseitige Ausdehnung durch den Sternenstaub eine Bugwelle hervor.

Diese Stoßfront entspricht der Kontaktaufnahme, der ersten Begegnung mit dem neuen Bereich – für die im Lebenskraftkörper eines Menschen das Wurzelchakra und das Scheitelchakra zuständig sind. Auch diese beiden Chakren sind der konkrete Kontakt mit der eigenen Umwelt.

Dieser Bereich entspricht den beiden Spitzen des Vajras.

Diese Analogien zwischen dem Chakrensystem, dem Sonnensystem und dem Vajra lassen sich auch graphisch darstellen:

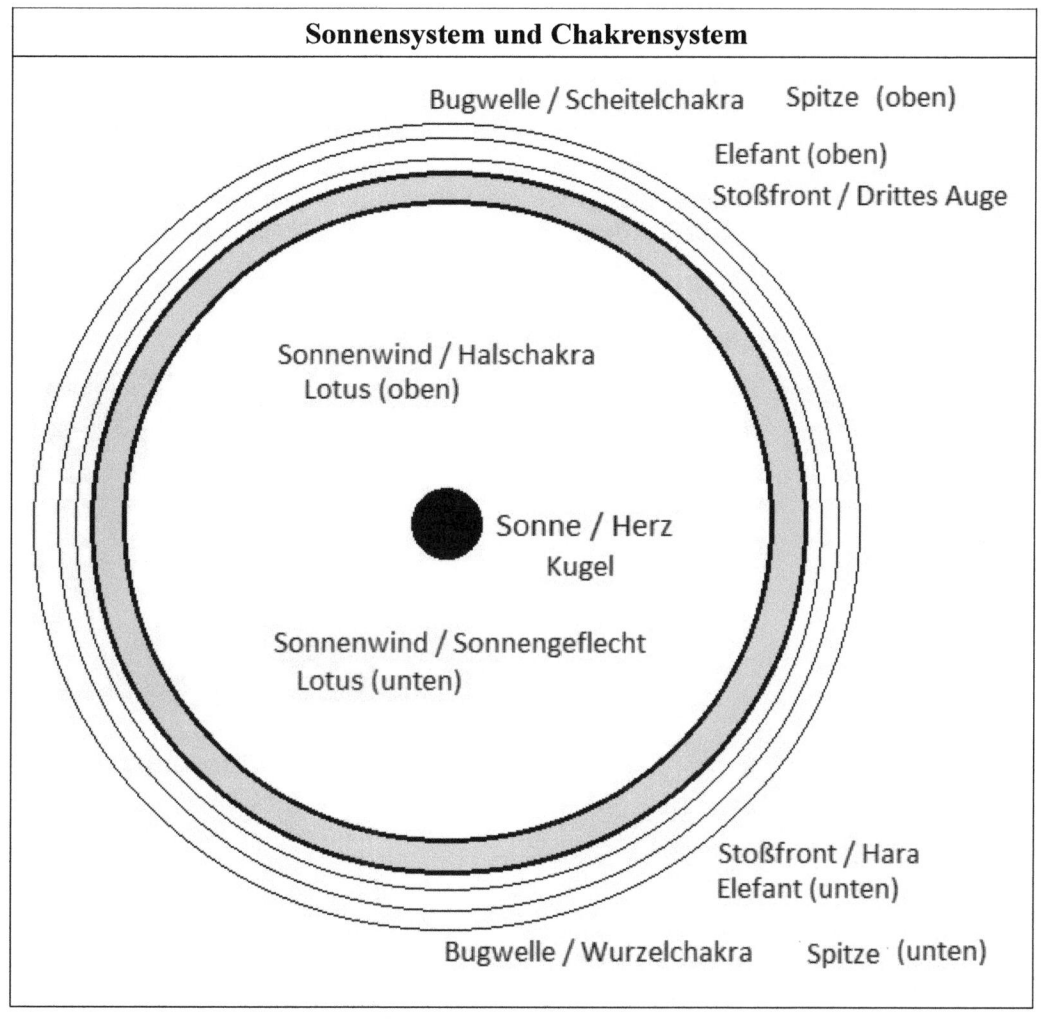

Sonnensystem und Chakrensystem

Bugwelle / Scheitelchakra   Spitze (oben)

Elefant (oben)

Stoßfront / Drittes Auge

Sonnenwind / Halschakra
Lotus (oben)

Sonne / Herz
Kugel

Sonnenwind / Sonnengeflecht
Lotus (unten)

Stoßfront / Hara
Elefant (unten)

Bugwelle / Wurzelchakra   Spitze (unten)

Die Sonne enthält viele Ionen, also elektrisch geladene Teilchen. Da die Sonne ro-
tiert, bewegen sich diese Ionen. Bewegte elektrische Ladungen erzeugen ein Magnet-
feld, das sich bei einem rotierenden Körper an den Polen bündelt und dort als magnetischer Strahl austritt (magnetischer Nordpol und magnetischer Südpol). Dieser Mag-
netstrahl erfaßt seinerseits Ionen und beschleunigt sie, sodaß sie in den Weltraum
hinaus ausstrahlen. Diese beiden Strahlen an den beiden Polen einer Sonne werden
„Jets" genannt.

Beim Durchqueren der drei Bereiche (Sonnenwind, Stoßfront, Bugwelle) verursa-
chen die beiden Jets „über" und „unter" der Sonne jeweils drei Wirbel, die den drei

Chakren sowie beim Vajra dem Lotus, dem Elefant und der Spitze entsprechen. Diese beiden Jets entsprechen der Sushumna im Yoga, an der sich die Chakren befinden, und den beiden Strahlen des Vajras.

Da die positiv geladenen Ionen und die negativ geladenen Ionen in entgegengesetzter Weise beschleunigt werden, entstehen um beide Magnetstrahlen herum zwei Spiralen von Teilchen, die sich in entgegengesetzer Richtung drehen. Sie entsprechen im Yoga Ida und Pingala, die neben der Sushumna (der „Kanal", in dem die Kundalini fließt) verlaufen.

Die beiden Strahlen einer Galaxie („Jets")

Jets einer Galaxie

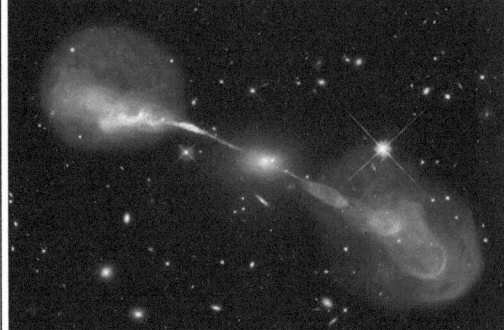

Galaxie (der helle Fleck in der Mitte) mit zwei Jets, die in dem Sternenstaub, der die Galaxie umgibt, zwei sehr große rotleuchtende Wolken bilden

Die Art und Weise, in der sich eine Galaxie und ein Chakrensystem bildet, entspricht sich auf eine sehr detailreiche Weise. In beiden wirken offenbar dieselben Kräfte, die zu der Entfaltung dieser übereinstimmenden Strukturen führen.

Die dabei entstehende Struktur entspricht auch dem Aufbau eines Vajras:

Sonne, Chakren und Vajra		
Sonne	*Chakren*	*Vajra*
Sonne	Herzchakra	Kugel
Sonnenwind-Raum	Sonnengeflecht + Halschakra	zwei Lotusblüten
Stoßfront	Hara + Drittes Auge	Köpfe der Elefanten
Bugwelle	Wurzelchakra + Scheitelchakra	Spitzen des Vajras
magnetischer Jet	Sushumna	zwei Strahlen
zwei Ionen-Spiralen	Ida + Pingala	Elefanten-Paar

Man kann zumindestens vermuten, daß die Lebenskraft noch an deutlich mehr Orten diese Struktur annimmt. Wahrscheinlich ließe sich diese Struktur auch im Bereich der Kernphysik wiederfinden.

Die genaue Übereinstimmung des Aufbaus des Chakrensystems und eines Sonnensystems läßt vermuten, daß bei beidem dieselben Kräfte am Werk sind.

Im Grunde ergibt sich diese Struktur in Bezug auf das Sonnensystem und daher vermutlich auch in Bezug auf das Chakrensystem aus dem Wirken der drei Grundkräfte, also

1. aus der starken Wechselwirkung („Farbkraft") in den Atomkernen, die z.B. durch die Kernfusion das Leuchten der Sterne verursacht;
2. aus der elektromagnetischen Kraft („Licht"), die u.a. die Strahlen (Jets; Sushumna, Ida und Pingala) entstehen läßt; und
3. aus der Gravitation, die überhaupt erst dazu führt, daß die Teilchen und die Energie im Weltall nicht völlig homogen verteilt ist, sondern Sterne bildet.

Die drei Grundkräfte unterscheiden sich u.a. durch ihre Polarität:

1. Die Gravitation ist einpolar, d.h. es gibt nur eine einzige Ausrichtung dieser Kraft: die Schwerkraft zieht alle Dinge zusammen.
2. Die elektromagnetische Kraft ist zweipolar, d.h. es gibt ein „+" und ein „-", die zusammen den neutralen Zustand („0") ergeben. Dabei stößt sich Gleiches ab, während sich Ungleiches gegenseitig anzieht.
3. Die Farbkraft ist dreipolar, d.h. es gibt ein „rot", ein „blau" und ein „gelb", die zusammen den neutralen Zustand („weiß") ergeben. Jeweils drei Teilchen mit diesen drei Farben bilden ein unauflösbare Einheit.

Von diesen drei Kräften ist in diesem Buch bisher im Bereich der Lebenskraft vor allem die Polarität, also die Entsprechung zu der elektromagnetischen Kraft betrachtet worden.

Die Gravitation findet ihre Entsprechung darin, daß es überhaupt Objekte gibt, da die Gravitation dazu führt, daß sich Atome zu Sterne zusammenlagern. Entsprechend sollten auch die hellsichtig wahrgenommenen Objekte durch eine der Gravitation entsprechende Kraft entstanden sein.

Bei der Farbkraft ist es schwieriger, sie im Bereich der Lebenskraft zu finden. Am ehesten sollte man sie noch im Herzchakra vermuten, da dieses Chakra das Zentrum des Chakrensystems ist und der Sonne entspricht.

Man kann die Betrachtungen zu dieser komplexen Struktur, die sich in dem Lebenskraftkörper (Chakren) und in einem Sonnensystem findet, auf zwei Weisen deuten:

> Zum einen als zwei aneinander gekoppelte Parallel-Welten, die von denselben Kräften geformt werden – eine physische Welt und eine Lebenskraft-Welt;
> und zum anderen als zwei verschiedene Wahrnehmungen derselben Welt – einmal von außen her mit den physischen Augen und einmal von innen her mit dem Bewußtsein.

Den bisherigen Betrachtungen zufolge wäre das zweite Modell, also „zwei Arten der Wahrnehmung" das wahrscheinliche und zudem auch das einfachere.

Letztlich würde das bedeuten, daß man zwei Möglichkeiten der Wahrnehmung und des Handelns hat:

> 1. die Wahrnehmung von außen her mit den Sinnesorganen und das Handeln von außen her durch die Hände;
> 2. die Wahrnehmung von innen her mit dem Bewußtsein („Telepathie") und das Handeln von innen her mit dem Bewußtsein („Telekinese").

Diese zweite Form der Wahrnehmung und des Handelns ist das, was man üblicherweise „Magie" nennt.

Bei der normalen Wahrnehmung und beim normalen Handeln benutzt das Bewußtsein nur den eigenen Körper und dessen Möglichkeiten; beim magischen Wahrnehmen und Handeln dehnt sich das Bewußtsein hingegen auf das auf, was man wahrnehmen oder beeinflussen/bewegen will. In der Magie weitet sich das Bewußtsein aus, es nimmt den Umraum ein, es dehnt sich auf das aus, was es wahrnehmen und lenken will.

Diesen Vorgang kann man deutlich erleben – er ist geradezu das zentrale Element in der Magie: Bei der Telepathie dehnt man sein eigenes Bewußtsein auf das aus, was man wahrnehmen will; bei der Telekinese wird das, was man bewegt, durch das auf diesen Gegenstand ausgedehnte Bewußtsein sozusagen zu einem Teil des eigenen Körpers, wodurch man diesen Gegenstand dann wie die eigene Hand bewegen kann; bei der Hypnose verdrängt man das Bewußtsein des anderen aus dessen Körper, wodurch man dann selber die Taten des anderen lenken kann; usw.

Was ist in einem solchen Modell dann die Lebenskraft? Eigentlich nur eine Hilfsfunktion, ein hilfreiches Bild, mit dem man die Inhalte des eigenen Bewußtseins beschreibt, die erscheinen, wenn man mit dem Bewußtsein über den eigenen Körper hinausgeht und dann andere Menschen, Tiere und Dinge „von innen her" wahrnimmt, berührt und lenkt.

Der Unterschied zwischen dem normalen Sehen und dem Hellsehen ist somit, daß das Bewußtsein beim normalen Sehen die physischen Augen benutzt und beim Hellsehen das eigene Bewußtsein auf das ausdehnt, was man wahrnehmen will.

Lebenskraft ist somit weder eine Substanz noch eine Kraft, sondern die direkte Wahrnehmung eines anderen Wesens oder Gegenstandes „von innen her", also „von Bewußtsein zu Bewußtsein". Das, was beim Hellsehen als der Substanz-Aspekt der Lebenskraft erscheint, ist die direkte Wahrnehmung „per Bewußtsein" eines anderen Wesens oder Gegenstandes; und das, was man beim Hellsehen als Kraft-Aspekt der Lebenskraft wahrnimmt, ist das direkte Lenken „per Bewußtsein" von etwas, das nicht zum eigenen Körper gehört.

Die Lebenskraft bildet eine komplexe, polar-symmetrische Struktur aus, die im Menschen als das Chakrensystem erscheint. Dieselbe Struktur findet sich im Aufbau eines Sternes. Als Symbol erscheint diese Struktur als Vajra.

Diese Struktur beruht vermutlich auf den drei physikalischen Grundkräften, die es im Bereich der Lebenskraft anscheinend in analoger Form gibt.

Diese sehr detailreiche Übereinstimmung der Strukturen im Bereich der Lebenskraft und im Bereich der Materie läßt vermuten, daß die Lebenskraft eine „innere Wahrnehmung der Welt" ist:

Die Lebenskraft ist die Beschreibung der Welt, wie sie vom Bewußtsein her aussieht – wenn man innerlich das eigene Bewußtsein auf ein anderes Wesen oder Ding ausdehnt und es dann wahrnimmt und bei Bedarf auch wie den eigenen Arm bewegen kann.

10. Die Wahrnehmung und das Lenken der Lebenskraft

Man kann sich einmal genauer anschauen, wie man die Lebenskraft wahrnehmen und wie man sie lenken kann. Wahrscheinlich wäre es präziser, wenn man stattdessen sagen würde „wie man im Bereich der Lebenskraft Dinge wahrnehmen und lenken kann".

Die beiden Begriffe, die man in diesem Zusammenhang in so gut wie der gesamten Magie-Literatur findet, sind „Wille" und „Imagination".

Imagination

Die Imagination ist die bildliche Vorstellung, also die Fähigkeit, sich innerlich ein Bild auszumalen, eine Struktur aufzubauen, ein Wort zu hören, einen Duft zu riechen, einen Gegenstand zu tasten, Hitze zu spüren usw. Die Imagination ist also das Gegenstück zur Wahrnehmung.

Bei der Wahrnehmung sieht man mithilfe der physischen Augen und des Lichtes einen Gegenstand, der dann im Bewußtsein als Wahrnehmung erscheint.

Bei der Imagination erschafft man in seinem Bewußtsein mithilfe der Lebenskraft das Bild eines Gegenstandes, der dann in der physischen Welt einen magischen Effekt hervorruft.

Die beiden Vorgänge sind ein genaues Spiegelbild voneinander:

1. Wahrnehmung: Gegenstand => Licht => Auge => Bild im Bewußtsein

2. Imagination: Bewußtsein => Bild => Lebenskraft => materielle Wirkung

Wenn man die Begriffe in der zweite Zeile umdreht, wird diese Analogie noch deutlicher:

1. Wahrnehmung: Gegenstand => Licht => Auge => Bild im Bewußtsein

2. Imagination: materielle Wirkung <= Lebenskraft <= Bild <= Bewußtsein

Der äußere Gegenstand entspricht der materiellen Wirkung,
das Licht im Außen entspricht der Lebenskraft im Innen,
das Auge im Außen entspricht dem Bild im Innen,
und das Bild im Bewußtsein entspricht dem imaginierenden Bewußtsein.

Man hat den Eindruck, als ob sich beide Vorgänge in demselben Rahmen abspielen würden, denselben Weg gehen würden, nur daß der Ausgangspunkt bei beidem an den entgegengesetzten Enden dieses Weges ist.

Die physikalischen und magischen Wahrnehmungen und Handlungen lassen sich insgesamt auf eine recht einfache Weise darstellen:

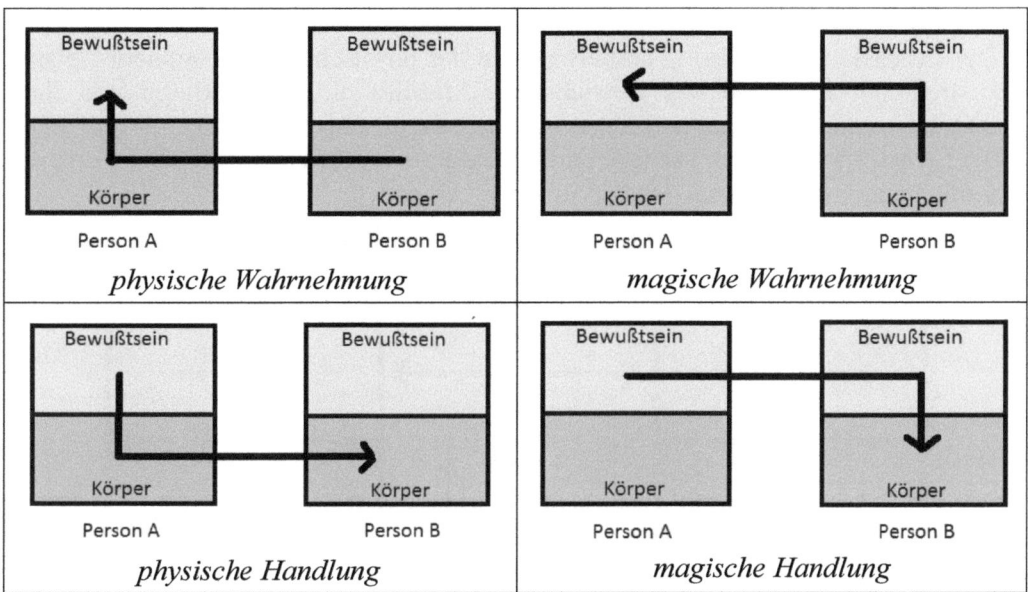

In diesen Diagrammen ist „Person A" die handelnde Person und „Person B" die Person, die gesehen bzw. mit der etwas gemacht wird.

    - Bei der physischen Wahrnehmung findet der Kontakt auf physischen Ebene statt und wird dann der Person A bewußt.

    - Bei der physischen Handlung findet der Kontakt ebenfalls auf physischen Ebene statt – die Handlung wird zuvor von dem Bewußtsein von Person A beschlossen.

    - Bei der magischen Wahrnehmung findet der Kontakt auf der Bewußtseins-Ebene statt. Bei der Ausweitung des Bewußtseins von Person A auf Person B erscheinen die Wahrnehmungen des Körpers von Person B durch Person A für Person A als Lebenskraft.

    - Bei der magischen Handlung findet der Kontakt ebenfalls auf der

Bewußtseins-Ebene statt. Bei der Ausweitung des Bewußtseins von Person A auf Person B erscheinen die Imaginationen der Person A dieser Person als Lebenskraft, die anschließend eine Wirkung auf den Körper von Person B ausübt.

Die Lebenskraft erscheint also bei dem direkten Übergang von Bewußtsein zu Bewußtsein – „Lebenskraft" ist eine Bezeichnung für die direkte Wahrnehmung im Bereich des Bewußtseins sowie für die Taten im Bereich des Bewußtseins.

Die Lebenskraft ist keine „Parallelwelt" zu der physischen Welt, sondern sie sind die Strukturen innerhalb des Bewußtseins. Mithilfe dieser Strukturen und ihrer Wahrnehmung, Erschaffung und Lenkung wird Magie ausgeübt.

Die Lebenskraft läßt sich mithilfe eines Diagramms recht einfach als die „Form der Wahrnehmung und der Taten des Bewußtseins" erkennen:

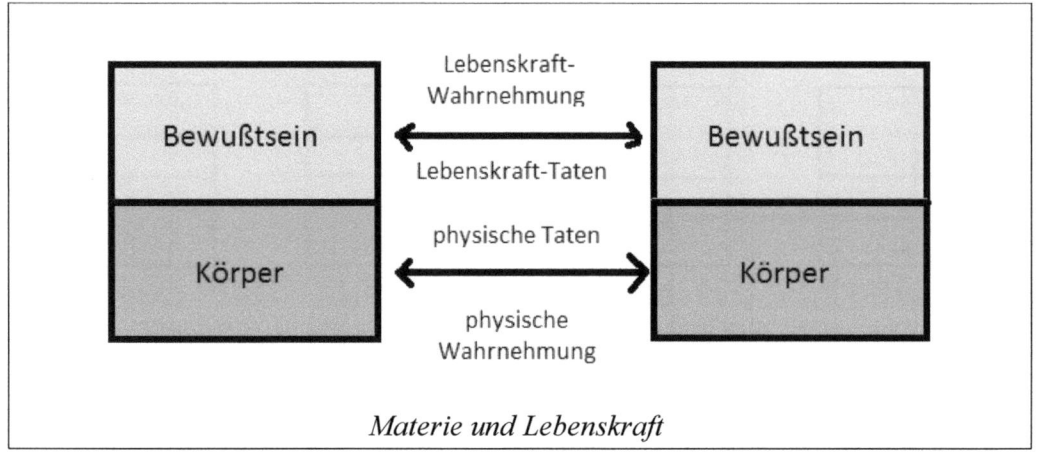

Materie und Lebenskraft

Wille

Der zweite wichtige Begriff in der Magie ist der Wille. Es ist zwar intuitiv deutlich, was „Wille" ist, aber was ist er eigentlich genau?

Zunächst einmal ist „Wille" im Vergleich zu „Wahrnehmung" deutlich aktiver. Er ist mit dem Kern der eigenen Persönlichkeit verbunden. Er ist der Ausgangspunkt der Handlungen. Er ist das, wodurch Eigenständigkeit entsteht. Er ist die Quelle des Strahlens eines Menschen. Er ist der Ausgangspunkt der Kraft und der Wirkung eines Menschen.

Der „Wille" hat eine seltsame Eigenschaft: Jedesmal, wenn man ihn definieren will, muß man auf seine Wirkungen zurückgreifen, um ihn als den Ursprung dieser Wirkungen zu bezeichnen. Aber was ist er selber?

Man könnte den Willen auch als die Wirkung der eigenen Seele in der eigenen Psyche und in dem eigenen Körper umschreiben, aber dadurch hat man den Punkt, von dem die Wirkungen des Willens ausgehen, nur wieder eine Schicht weiter nach hinten oder nach innen verschoben.

Der Wille scheint sich nicht kausal definieren zu lassen, also nicht als etwas, was eine bestimmte Eigenschaft und daher eine bestimmte Wirkung hat. Der Wille ist stets das, wovon eine Wirkung ausgeht.

Wenn man sich diesen letzten Satz einmal genauer anschaut, ist er eigentlich recht interessant, denn bedeutet er nicht, daß der Wille frei ist?

Falls diese Schlußfolgerung zutreffend sein sollte, stellt sich die Frage, worin eigentlich der Ursprung dieser Freiheit liegt, wenn in der physischen Welt doch alle Dinge kausal definiert sind – eigentlich sollte es dann in der physischen Welt nichts geben können, das frei ist.

Der Wille ist zumindestens in der subjektiven Wahrnehmung eng mit dem Bewußtsein verbunden. Möglicherweise läßt sich daher mehr über den Willen herausfinden, wenn man das Bewußtsein genauer betrachtet. Auch das Bewußtsein läßt sich nur schwer definieren, obwohl jeder weiß, daß es da ist – ohne das Bewußtsein könnte man sich die Frage nach dem Bewußtsein erst gar nicht stellen.

Zunächst einmal ist das Bewußtsein „in meinem Kopf". Wie die Telepathie zeigt, kann sich das Bewußtsein jedoch auf andere Menschen und Dinge ausweiten. Man kann sogar mit seinem Lebenskraftkörper eine Astralreise machen und mit seinem Bewußtsein und seiner Wahrnehmung an andere Orte gehen.

Das Bewußtsein scheint somit etwas zu sein, was zwar eine Verankerung in einem Körper hat, aber was weder eine Nebenfunktion des Körpers ist noch fest an den Körper gebunden ist.

Da auch Tiere ein Bewußtsein haben, ist das Bewußtsein auch kein rein menschliches Phänomen. Pflanzen-Telepathieversuche und der „Grüne Daumen" machen es recht wahrscheinlich, daß auch Pflanzen ein Bewußtsein haben. Es ist also letztlich gut denkbar, daß alle Dinge ein Bewußtsein haben.

Bewußtsein wäre dann gewissermaßen die Innenseite aller Dinge. Die Komplexität und die Inhalte des Bewußtseins würden dann nur davon abhängen, wie komplex das Ding ist, dessen Innenseite dieses Bewußtsein ist.

Wenn man diesen Befund weiterdenkt, ist es gut denkbar, daß dem Bewußtsein aller Menschen ein Gesamtbewußtsein zugrundeliegt: das Kollektive Unterbewußtsein. Wenn auch jede Tier- und Pflanzenart eine solches kollektives Unterbewußtsein haben sollte, wird es letzten Endes denkbar, daß es auch ein alleWesen und Dinge umfassendes Bewußtsein gibt, das man am ehesten als „Gott" bezeichnen könnte.

Daraus ergibt sich eine Art „Stammbaum des Bewußtseins":

- Gott: das alles umfassende Bewußtsein
- Gottheit: das Bewußtsein eines bestimmten Prinzips
- Seele: das Bewußtsein einer Inkarnationsfolge
- Psyche: das Unterbewußtsein eines Menschen
- Körper: das normale Wachbewußtsein

Zunächst einmal ist dieser Stammbaum recht abstrakt und wirkt evtl. etwas willkürlich. Er beschreibt aber viele Erlebnisse, die man beim Meditieren und auf Traumreisen sowie in der Magie haben kann:

- Das „Bewußtsein im Körper" ist das normale Hier und Jetzt.
- Die Psyche ist vor allem das Unterbewußtsein eines Menschen. Dort findet u.a. auch die Imagination statt.
- Die Seele ist das, was sich in einem Menschen inkarniert hat und was die Psyche erschaffen hat. Man kann sie auch als die Quelle des Willens auffassen, der sich in der Psyche als Handlungsimpulse zeigt.
- Jede Seele hat eine Schutzgottheit, also eine Gottheit, die sozusagen ein Meer ist, in dem die Seele ein Tropfen ist. Man kann daher davon ausgehen, daß der Wille der Seele aus der Gottheit stammt, von der sie erschaffen worden ist.
- Dasselbe gilt auch für die Gottheiten, die Aspekte des einen Gottes sind: Der Wille der Gottheiten stammt aus Gottes Willen.

Aber warum sollte Gott einen Willen haben? Wenn Gott das Eine-Alles-Einzige ist, also das alles umfassende Bewußtsein, dessen Körper die materielle Welt ist, dann gibt es neben Gott nichts, was ihn in irgendeiner Weise einschränken könnte – daher ist Gott frei. Diese Freiheit wäre dann letztlich der Ursprung des Willens im Menschen.

Diese Freiheit könnte dann auch der Ursprung der Magie sein, denn diese Freiheit würde bedeuten, daß man auch die Welt frei gestalten kann – in dem Maße, wie man den eigenen Willen klar auf ein Ziel ausrichten kann.

An der Wurzel der Materie findet sich die Kausalität, also die Festlegung aller Dinge – an der Wurzel des Bewußtseins findet sich hingegen die Freiheit. Dieser grundlegende Unterschied liegt vermutlich darin, daß die Materie eine große Vielfalt ist, in der sich sozusagen „Regeln des Ablaufs" gebildet haben, während das Bewußtsein, wenn es letztlich die Einheit von Gottes Bewußtsein sein sollte, eben eine Einheit und keine Vielheit ist.

Das ist jetzt natürlich alles andere als eine schlüssige Beweisführung, aber immerhin ein Modell, in dem sowohl die Kausalität als auch die Freiheit einen Platz haben. Die Ausstrahlung dieser Freiheit in die materielle Welt hinein ist der individuelle Willen. Die konsequente Ausnutzung der Möglichkeiten dieses Willens ist die Magie – sie kann von der einfachen Telepathie über die Telekinese bin hin zu Materialisierungen führen.

Letztlich ist nichts unmöglich – oder, wie es Christus gesagt hat: „der Glaube versetzt Berge" – wobei in diesem Zusammenhang „Glaube" nichts anderes als die Kombination von Wille und Imagination ist.

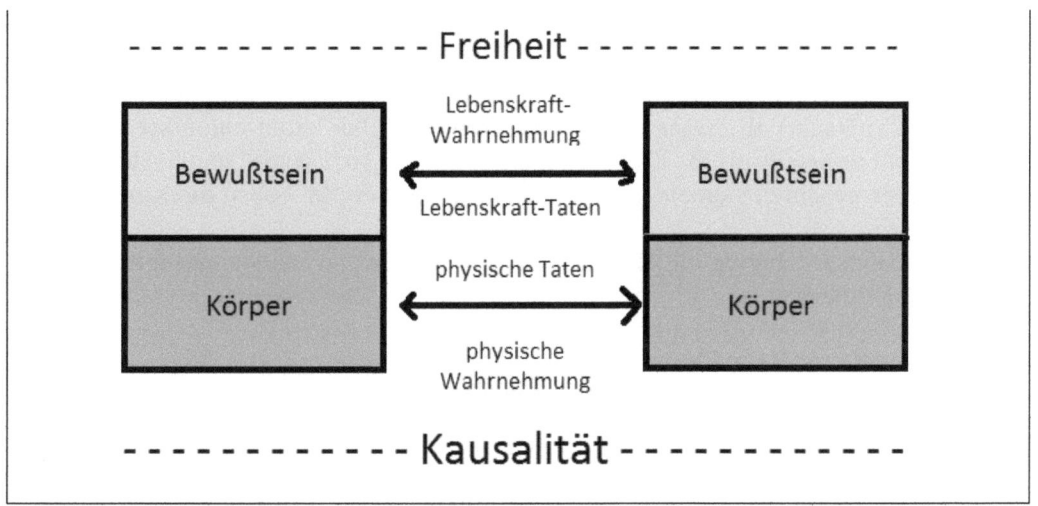

Wie bereits gesagt, beweist dieses Modell nichts, aber es beschreibt in sehr schlichter Weise das Phänomen der Lebenskraft sowie die Möglichkeiten der Magie. Die Magie ist nichts anderes als die freie Gestaltung der eigenen Lebensumstände – wofür allerdings die Fähigkeit, etwas einsgerichtet zu wollen und ausreichend klar imaginieren zu können, notwendig ist.

Es gibt allerdings eine „Abkürzung" in der Magie: Wenn man innerlich vollkommen davon überzeugt ist, daß etwas „richtig" ist und daß man es ganau so will, dann geschieht dies auch. Die Lebenskraft, d.h. das eigene Bewußtsein bewegt sich dann ungehindert genau so, daß das, was man als richtig empfindet, auch geschieht.

Die Erklärung, die sich aus diesem Modell dafür, daß es sowohl Freiheit als auch Kausalität gibt, ist recht einfach:

> Wenn nur ein einziges Etwas da ist, kann dieses Etwas nur frei sein, da es nichts gibt, was es einschränken könnte – das ist Gott als das allumfassende Bewußtsein und als die Wurzel der Freiheit. „Gott" wird hier als das Eine-

Alles-Einzige aufgefaßt, eben als das Fundament der Bewußtseinsseite der Welt, sozusagen das umfassende Innen von allem, was existiert. Ein eher neutral-technischer Begriff für dieses Eine-Alles-Einzige, der aus dem kabbalistischen Lebensbaum stammt, ist „Kether" („Krone"). Die Definition dieses Eines-Alles-Einzigen, der zu dieser eher technischen Bezeichnung gehört, ist der Gottesname „Eheieh" aus dem alten Testament – er bedeutet „Ich bin ich".

Die materielle Welt ist aus einem ganz einfachen Grunde kausal geordnet: Sie besteht aus einer derart großen Anzahl von Teilchen (von Quarks über Protonen und Atomen bis hin zu Staubkörnchen, Zellen, Menschen und Sternen), daß sie aufgrund ihrer Eigenschaften insgesamt sozusagen aus Gewohnheit und Trägheit einen „gemeinsame Fluß" bilden. Die Innenseite (Bewußtsein) all dieser vielen Einheiten hat dabei kaum einen kreativen und somit freien Einfluß. Diese Einheiten stoßen sozusagen ständig alle aneinander, wodurch sich ein sehr schlichter „Tanz" ergibt – eben die Kausalität.

Aufgrund dieser Überlegung läßt sich die auf der vorigen Seite angeführte Graphik noch einmal ergänzen:

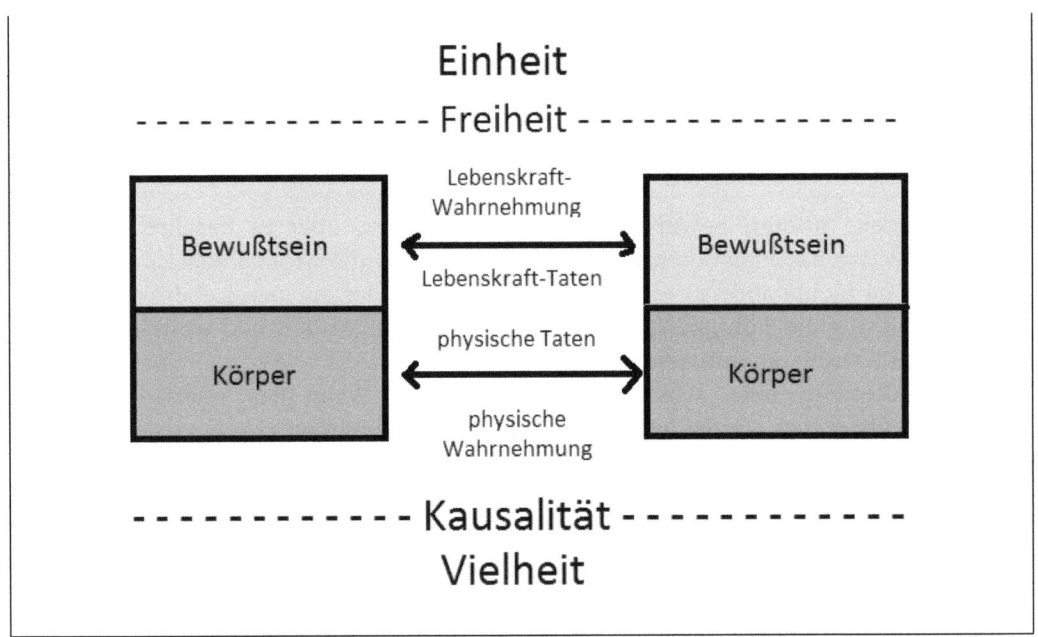

Der weiter oben angeführte fünfteilige „Stammbaum des Bewußtseins" entspricht auch der bereits in einem früheren Kapitel dargestellten fünfteiligen Folge der verschiedenen Arten der Wahrnehmung des Lichtes:

- Gott = weißes gleißendes Licht
- Gottheiten = Konturen im Licht
- Seele = von innen her leuchtendes Bild
- Psyche = Bilder in einem Licht-Nebel
- Körper = von außen her beleuchtete Dinge

Was ist nun der genaue Zusammenhang zwischen dem Willen und der Imagination?

Der Wille ist der Handlungs- oder Schöpfungsimpuls, der aus der eigenen Freiheit heraus kommt.

Die Imagination ist die (magische) Erschaffung des erwünschten Zustandes im Außen in der Form eines Bildes im Innen.

Die Imagination ist das Bild des Zieles – der Wille ist die Kraft, die dieses erwünschte Ziel im Außen erschafft.

Die Lebenskraft tritt in diesem Zusammenhang bei der Imagination auf: Man erschafft ein inneres Bild „aus Lebenskraft", das wiederum die „Lebenskraft lenkt", wodurch sie im Außen das erwünschte Ziel erzeugt.

Die Lebenskraft ist hier als „Substanz" und als „Kraft" zu sehen: Der Substanz-Aspekt der Lebenskraft ist das imaginierte Bild und der Kraft-Aspekt der Lebenskraft ist die Verwirklichung dieses Bildes. Dieser Kraft-Aspekt der Lebenskraft ist der Wille, mit dem das Bewußtsein diesem Bild einen Impuls gibt. Dieses „Impuls-Geben" erlebt man subjektiv als kurze oder lange Konzentration auf das Ziel, wobei die Dauer der Konzentration nicht auschlaggebend für die Intensität der Konzentration und somit des Willensimpulses ist, die letztlich die Effektivität dieser magischen Handlung bestimmen.

Ist es nicht ein Widerspruch, daß (vereinfacht gesagt) die Materie kausal definiert ist und das Bewußtsein frei ist und beides zwei Seiten (Innen und Außen) desselben sein sollen?

Eine solche Frage läßt sich letztlich nur durch Versuche beantworten. Daß die Naturgesetze real sind, ist zweifellos so, da man mit ihnen z.B. Flugzeuge bauen kann und weil Äpfel stets nach unten fallen. Andererseits ist es aber auch so, daß man mit Telepathie physikalisch unzugängliche Informationen erlangen und mit Telekinese auf nicht-physikalische Weise Gegenstände bewegen kann. Man kann folglich zunächst einmal festhalten, daß es offenbar eine Dualität von vollkommener Determination der Materie und von Freiheit des Bewußtseins gibt.

Die Frage ist dann, in welchem Verhältnis diese beiden zueinander stehen. Zunächst einmal kann man ein wenig salopp sagen, daß alles kausal abläuft, solange sich kein Magier einmischt ...

Ein wenig vornehmer formuliert bedeutet diese Determiniertheit/Freiheit-Dualität, daß alles solange kausal abläuft, wie niemand von der ihm innewohnenden Freiheit Gebrauch macht und mithilfe von Wille (freier Schöpfungsimpuls) und Imagination (Erschaffung eines Bewußtseinsbildes des erwünschten Ergebnisses) einen schöpferischen Impuls in die Welt sendet, der in ihr zu der Ursache einer kausalen Entwicklung wird.

Dabei ist zu beachten, daß es dabei nicht nur um Informationsbeschaffungen oder um das Bewegen einer Feder geht, sondern daß auch Materialisierungen möglich sind und solche Wunder wie das Auferwecken von Toten. Natürlich sind diese Wunder nur dann für einen Menschen als reale Möglichkeit vorhanden, wenn man dieser Mensch sie schon einmal erlebt hat – bis dahin sind solche Formen der Magie erst einmal nur eine phantasiereiche Fiktion.

Diese Betrachtungen zeigen auch, warum das positive Denken so wichtig ist: Wenn man innerlich aus Angst ständig an etwas denkt, was man vermeiden will, imaginiert man ein Bild von dem, was man nicht will, und lädt es durch die hohe Konzentration der Angst auf, sodaß es zu einem Schöpfungsimpuls wird.

- - -

Das hier benutzte Diagramm ermöglicht auch, die in einem früheren Kapitel ange-führten vier Magie-Modelle der Lebenskraft, der Geister, der Psyche und der Infor-mation graphisch darzustellen:

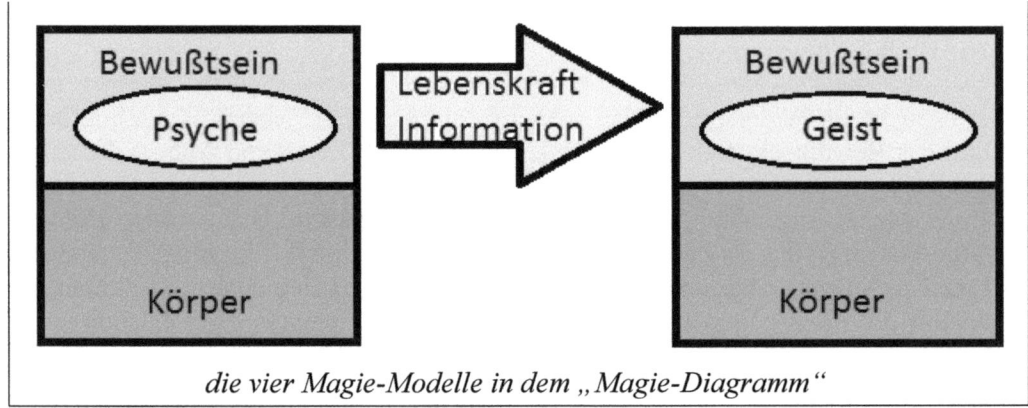

die vier Magie-Modelle in dem „Magie-Diagramm"

- - -

Als Abschluß dieser Betrachtungen über „Wille und Imagination" folgt hier noch ein Beispiel für eine magische Handlung, bei der Wille und Imagination deutlich erkennbar sind.

Als ich vor ein paar Jahren einmal bei einer Bekannten gewesen und ihr beim Renovieren geholfen habe, brauchte ich einen Akkuschrauber. Sie meinte, daß ihr Freund ihr einen dagelassen hatte, daß er aber nicht mehr funktioniert. Ich habe ihn ausprobiert und gemerkt, daß er tatsächlich nicht mehr funktioniert.

Da habe mich mich hingesetzt, den Akkuschrauber vor mich gehalten und in ihn „hineingeschaut" und nach einer Stelle gesucht, die sich komisch anfühlt. Schließlich habe ich eine gefunden, die sich anfühlte, als dort ein Kontakt unterbrochen sei. Da habe ich mich auf diese Stelle konzentriert und dort einen Lichtstrahl („Lebenskraft") imaginiert, der die beiden Seiten des unterbrochenen Kontaktes wieder miteinander verbunden hat. Seitdem funktioniert dieser Akkuschrauber wieder.

Magie ist also nicht nur eine vage Theorie, sondern etwas ausgesprochen Alltagstaugliches.

Analogien

Dann gibt es noch einen dritten Begriff, der im Zusammenhang mit der Magie eine große Rolle spielt und daher auch für das Verständnis der Lebenskraft wichtig sein könnte: die Analogien.

Es hat den Anschein, als ob die Welt nicht nur kausal, sondern auch analog strukturiert sei. Am deutlichsten wird dies bei der Astrologie: Der Charakter und der Lebensstil eines Menschen steht in einer Analogie zu dem Stand der Planeten zum Zeitpunkt seiner Geburt, was sich durch sein Horoskop ausdrückt. Derselbe Zusammenhang findet sich auch bei allen Orakeln und Omen.

Auch die Magie macht von diesen Analogien Gebrauch. Sie dienen vor allem dazu, die Magie dadurch effektiver zu machen, daß man sich Hilfe von Gottheiten, günstigen Planetenständen u.ä. holt. Man könnte das Benutzen der Analogien in der Magie also mit der Wahl des kürzesten und staufreiesten Weges von Stadt A nach Stadt B vergleichen.

Die Analogien sind offenbar Strukturen in der Welt, deren Berücksichtigung bei der Schöpfung eines neuen Impuls, also beim Ausüben von Magie, sinnvoll ist – damit man nicht versucht, mit dem Kopf durch die Wand zu rennen anstatt die Tür zwei Meter weiter rechts zu benutzen.

Man kann davon ausgehen, daß sich diese Analogien auch als Strukturen in der Lebenskraft wiederfinden, also als Formen, die man wahrnimmt, wenn man von seinem Bewußtsein aus in die Welt blickt.

Die Imagination ist das Erschaffen eines inneren Bildes, das dann durch den Willen einen Impuls erhält.

Der Willen ist eine innere Freiheit, deren Wurzel letztlich Gottes Freiheit ist – oder, abstrakter formuliert, deren Wurzel letztlich die allem Bewußtsein zugrundeliegende Einheit des Bewußtseins ist.

Die Imagination ist das Gegenstück zur Wahrnehmung: Bei der Wahrnehmung sieht man in seinem Bewußtsein etwas, was außen schon da ist – bei der Imagination erschafft man in seinem Bewußtsein ein Bild, daß dann im Außen zur Realität wird.

Die Analogien sind eine Struktur, die sich im Bereich des Bewußtseins und sekundär auch in der physischen Welt findet. Diese Analogien sollte man in der Magie berücksichtigen, um den einfachsten Weg zu dem eigenen Ziel zu gehen.

Die Lebenskraft erscheint an der Grenze zwischen der Determiniertheit der materiellen Welt und der Freiheit des Bewußtseins. Sie ist jedoch keine eigenständige Substanz, sondern die direkte Wahrnehmung der Bewußtseins und seiner Inhalte.

11. Bewußtsein und Materie

In diesem Buch ist aufgrund der Betrachtung der Lebenskraft und der magischen Phänomene, die durch sie beschrieben werden, ein Modell entworfen worden, in dem die Welt sozusagen zwei Seiten hat, eine Innenseite und eine Außenseite, wobei die Außenseite die durch die Kausalität vollständige determinierte materielle Welt ist und die Innenseite die freie Bewußtseins-Welt ist.

Es stellt sich nun die Frage, auf welche Weise diese Innenwelt und diese Außenwelt miteinander in Verbindung stehen.

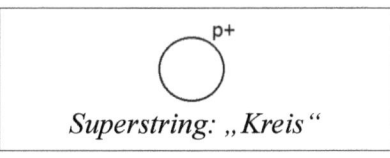

Superstring: „Kreis"

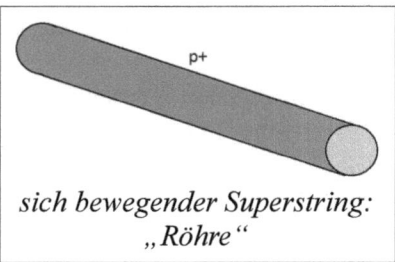

sich bewegender Superstring: „Röhre"

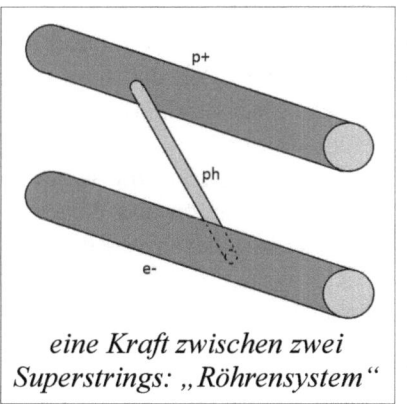

eine Kraft zwischen zwei Superstrings: „Röhrensystem"

Zunächst einmal kann man sagen, daß das noch recht unklar ist. Aber man kann doch einige Überlegungen dazu anstellen. Eine von ihnen stammt aus der Superstringtheorie der Physiker.

Die Superstrings kann man sich als schwingende Saiten vorstellen, die einen Kreis bilden. So ist z.B. ein Proton (p^+) ein solcher schwingender Kreis.

Wenn man sich nun vorstellt, daß sich ein solcher Superstring (hier ein p^+) bewegt, erhält man bei der graphischen Darstellung dieses zeitlichen Vorgangs das Bild einer Röhre. Die Zeit verläuft in der Graphik von links nach rechts.

Wenn man nun zwei Superstrings hat, die sich gegenseitig anziehen, also z.B. ein Proton (p^+) und ein Elektron (e^-), dann läßt sich dies als der Austausch eines Photons (Energiequant der elektromagnetischen Kraft) darstellen. Auch ein Photon ist ein Superstring. Der Austausch des Photons (ph) erscheint graphisch als eine weitere Röhre, die von dem Proton zu dem Elektron verläuft.

Man kann sozusagen von der Proton-Röhre (p^+) durch die Photon-Röhre (ph) zu der Elektron-Röhre (e^-) „laufen".

Auf diese Weise lassen sich alle materiellen Vorgänge als ein komplexes Röhrensystem darstellen.

In diesem Röhrensystem gibt es ein „Außen" und ein „Innen". Die Außenseiten der Röhren können aneinanderstoßen und bleiben dabei getrennt – das könnte dem Materie-Aspekt der Welt mit ihrer Abgrenzung und Determiniertheit (Kausalität) entsprechen. Die Innenseite dieser Röhren ist jedoch unbegrenzt – sie könnten dem Bewußtseinsaspekt der

Welt entsprechen, in der man sich frei überall hin bewegen kann.

Natürlich ist auch die Außenseite dieser Röhren unbegrenzt – es gibt letztlich nur eine einzige Oberfläche dieses endlosen, weitverzweigten Röhrensystems – aber im Gegensatz zu der Innenseite dieses Röhrensystems gibt es auf ihrer Außenseite Zusammenstöße als „Kommunikationsprinzip". Auf der Innenseite dieses Röhrensystems gibt es hingegen nur die Ausdehnung als „Kommunikationsprinzip". Die Innenseite einer Röhre weitet sich auf die Innenseite anderer Röhren aus.

Dies ist zwar nur ein Beschreibungsmodell, das auf der heute üblichen Darstellung der Superstringtheorie beruht (ein sogenanntes „Feynman-Diagramm"), aber es beschreibt sogar die Erlebnisse auf der Innen- und Außenseite der Welt recht gut: eine Vielzahl von Stößen auf der Außenseite, durch sich insgesamt eine „Lenkung von außen her" ergibt (Kausalität der Materie) und eine Ausdehnung von innen her, durch die sich eine „Lenkung von innen her" ergibt (Freiheit des Bewußtseins).

Da die Innenseite eines Röhre mit ihrer Außenseite verbunden ist, ist eine innere Bewegung (Bewußtsein) auch eine äußere Bewegung (Materie) – auf diese Weise bewegt man z.B. die eigene Hand.

Wenn es möglich ist, das eigene Bewußtsein aber über den eigenen Körper hinaus auszudehnen, kann man vom Bewußtsein aus auch andere Dinge und Wesen wie die eigene Hand bewegen.

Warum gibt es dann eine Grenze nach außen – auch für das normale Bewußtsein? Es ist offensichtlich, daß zum einen der eigene Körper auch materiell eine sich selber organisierende organische Einheit ist, und daß es zum anderen innerhalb des Körpers sehr viel mehr „verbindende Röhren" gibt als vom Körper nach außen hin. Diese „Außenverbindungs-Röhren" bestehen fast nur aus Gravitonen (Schwerkraft) und aus Photonen (elektromagnetische Kraft). Es ist daher durchaus plausibel, daß man eine gewisse Anstrengung auf sich nehmen muß, um auch etwas, daß sich außerhalb des eigenen Körpers befindet, wie die eigene Hand bewegen zu können.

Die Lebenskraft ist in diesem Modell das, was das Bewußtsein wahrnimmt, wenn es sich über den eigenen Körper hinaus nach außen hin zu anderen Dingen und Wesen in seinem Umraum bewegt. Diese Wahrnehmungen liegen alle auf der Innenseite der Röhren, also im Bereich des Bewußtseins.

Die physischen Augen hingegen liegen auf der Außenseite dieser Röhren, sie nehmen die Photonen war, die von außen her auf die Augen treffen.

Das hier dargestellte Modell beschreibt zwar recht gut die magischen und physikalischen Phänomene, aber ob es so wie es hier dargestellt worden ist, auch wirklich schon zutreffend ist, muß sich erst noch herausstellen. Zumindestens ergeben sich aus diesem Modell zunächst einmal keine Widersprüche zu den Beobachtungen – was ja schon ausgesprochen erfreulich ist.

Die Materie ist die Außenseite der Welt – sie ist kausal definiert.

Das Bewußtsein ist die Innenseite der Welt – sie ist frei.

Die Lebenskraft ist das, was man wahrnimmt, wenn man das eigene Bewußtsein über den eigenen Körper hinaus ausdehnt und andere Dinge und Wesen von innen her, also vom Bewußtsein her, wahrnimmt.

12. Die Gesamtorganisation der Lebenskraft

Die Lebenskraft hat die Neigung, sich in komplexen Strukturen zu organisieren – wie z.B. als das Chakrensystem.

Das im vorigen Kapitel dargestellte „Röhrenmodell", das aus der Superstringtheorie stammt, legt nahe, daß alle Dinge miteinander verbunden sind. Diese Vermutung wird auch durch die folgende Überlegung aus der Physik bestätigt:

- Alle Materie besteht aus Molekülen.
- Alle Moleküle bestehen aus Atomen.
- Alle Atome bestehen aus Atomkernen und Elektronen.
- Alle Atomkerne bestehen aus Protonen und Neutronen.
- Alle Protonen und Neutronen bestehen aus je drei Quarks.
- Alle Materie besteht aus Elementarteilchen: Quarks, Elektronen u.a.
- Alle Elementarteilchen sind „geronnene Energie" ($E = mc^2$).
- Alle Energie besteht aus Energiequanten.
- Alles, was es gibt (Materie und Energie), besteht aus Energiequanten.
- Alle Energiequanten sind Krümmungen der Raumzeit.
- Die Raumzeit ist das eigentlich Reale, das allem zugrundeliegt.

Es gibt aus physikalischer Sicht nur ein einziges Etwas, das tatsächlich existiert: die Raumzeit. Sie ist sozusagen die „Substanz", aus der das gesamte „Röhrensystem" der Superstringtheorie besteht.

Dieser Aufbau der physikalischen Welt entspricht somit genau dem Aufbau der magischen Welt, die vom Körper über die Psyche und die Seele und dann weiter über die Gottheiten zu Gott führt.

Aufgrund des im vorigen Kapitel dargestellten Röhrensystem-Modells sollten sich alle Strukturen aus der äußeren Welt (Materie) in der inneren Welt (Bewußtsein) wiederfinden – und auch umgekehrt. Das wird durch die oben angeführte Betrachtung bestätigt: Sowohl die Vielfalt der Erscheinungen der materielle Welt als auch die Vielfalt der Erscheinungen in der Bewußtseins-Welt lassen sich auf eine dieser Vielfalt zugrundeliegende Einheit zurückführen.

Gott entspricht somit der Raumzeit – beide sind das umfassende Eine, aus dem die Vielheit besteht.

Die Lebenskraft ist in diesem Modell (bildlich gesprochen) der Blick in die Röhren, die nicht mehr zu dem eigenen Körper gehören.

Man kann sich jetzt natürlich fragen, welchen praktischen Nutzen diese Betrachtungen haben.

1. Zunächst einmal werden solche Konzepte wie das kollektive Unterbewußtsein durch das Röhrensystem-Modell nicht nur plausibler, sie müssen geradezu zwingend notwendig existieren.

2. Die Existenz der Magie ist in diesem Modell etwas, was man geradezu erwarten sollte: Man kann eine Wirkung durch eine äußere Bewegung hervorrufen (normale Handlung) und man kann eine Wirkung durch eine Bewegung des Bewußtseins („Wille und Imagination") hervorrufen (magische Handlung).

3. Mit dem Röhrensystem-Modell lassen sich magische Vorgänge recht schlicht beschreiben. Ob sich aus diesem Modell weitere Experimente oder effektivere Magie-Methoden ableiten lassen, ist noch unklar. Auf jeden Fall erscheint Magie in diesem Modell als Ausdehnung, Raumgreifen und Platzbelegung, was zunächst einmal durchaus übliche Begriffe im Zusammenhang mit der Magie sind.

4. In der Magie kann man zwischen „gewöhnlicher Magie" wie z.B. Telepathie und „außergewöhnlicher Magie" wie z.B. Materialisierungen unterscheiden. Die außergewöhnliche Magie hat einen besonderen inneren Zustand als Voraussetzung, der als „Abgrenzungslosigkeit" umschrieben werden kann.
Dieser Zustand, der u.a. in Buddhas System als die vier „grenzenlosen Zustände" oder auf dem kabbalistischen Lebensbaum als die Sephiroth Da'ath erscheint, entspricht offenbar der Ausdehnung des Bewußtseins innerhalb des Röhrensystems: Wenn sich das Bewußtsein auf die gesamte Umgebung ausgedehnt hat und wenn die Individualität für die Selbstdefinition keine Abgrenzung mehr benötigt, sondern nur die Gewißheit der eigenen Qualität, dann ist nicht nur die gewöhnliche Magie möglich, dann werden auch „Wunder" möglich, also außergewöhnliche Magie.
Diese zwei Arten der Magie lassen sich mithilfe des Röhrensystem-Modells recht einfach beschreiben: Bei der gewöhnlichen Magie weitet sich das Bewußtsein nur noch ein kleines Stückchen über den eigenen Körper hinaus aus, während es sich bei der außergewöhnlichen Magie beliebig weit über den eigenen Körper hinaus ausdehnen kann.
Den Übergang von der gewöhnlichen Magie zu der außergewöhnlichen Magie wird in der Meditation, auf Traumreisen oder im Ritual oft als ein Sprung in den Abgrund erlebt – man läßt jeden Halt und jegliche Abgrenzung los ... was nicht ganz einfach ist ...

5. Die Götter sind in diesem Modell sozusagen „Organisations-Einheiten"

des Bewußtseins. Dabei verbinden sich entweder Dinge, die in Analogie zueinander stehen, zu einer Einheit (z.B. der astrologische Planet Mars), oder Dinge, die nur assoziativ zusammenhängen (z.B. die Muttergöttinnen).

6. Das Röhrensystem-Modell ist ein erster Entwurf einer umfassenden Weltbeschreibung, die sowohl den physikalischen Naturgesetzen als auch den magischen Regeln einen Platz in einer einheitlichen physikalisch—magischen Beschreibung gibt.

7. Die Innenseite und die Außenseite des Röhrensystems, also Bewußtsein und Materie sowie ihr enger Zusammenhang, finden sich auch in der Überlieferung an vielen Stellen wieder. Die beiden prägnantesten Beispiele sind:

„Leere ist Form und Form ist Leere." (Herz-Sutra aus dem Buddhismus)
Hier ist die Leere die dem Bewußtsein zugrundeliegende Einheit, also „Gott"; die Form ist die Vielfalt der materiellen Welt.

„Kether ist Malkuth und Malkuth ist Kether – nur auf eine andere Weise." (Kabbala)
Hier ist Kether die Einheit/Gott und Malkuth die Vielheit/Welt.

Das Röhrensystem-Modell ermöglicht eine einheitliche Beschreibung der materiellen und der magischen Welt.
Die Lebenskraft ist in diesem Modell die Wahrnehmung der Bewußtseinsseite von Dingen und Wesen außerhalb des eigenen Körpers, auf die man sein Bewußtsein ausgedehnt hat. Durch diese Ausdehnung des Bewußtseins auf andere Dinge und Wesen kann das Bewußtsein diese Dinge und Wesen wahrnehmen und „wie die eigen Hand" bewegen und lenken. Daher ist die Lebenskraft die „Substanz" und die „Kraft" der Magie.

---

13. Ohnmacht, Astralreise und Trauma

Es lohnt sich, einige Phänomene näher zu betrachten, die auf den ersten Blick anscheinend nur wenig mit der Lebenskraft zu tun haben, um die Lebenskraft noch besser verstehen zu können.

Was passiert bei einer Ohnmacht? Der Betreffende verliert sein Bewußtsein und ist daher „ohne Macht" über seinen Körper. Offenbar hat sich das Bewußtsein aus seinem Körper zurückgezogen. Das ist sozusagen das Gegenteil einer Bewußtseinsausdehnung – und somit auch das Gegenteil von Magie.
Wenn man bewußtlos wird, hat man manchmal noch einen Rest von Wahrnehmung, durch die man sich steif werden oder umfallen sieht u.ä. Zudem kommt es auch vor, daß man sich selber wie von außen her sieht und auch wie sich evtl. andere um den eigenen Körper kümmern.

Die Ohnmacht ähnelt somit einer Astralreise, also dem Verlassen des materiellen Körpers durch den Lebenskraftkörper. Auch bei einer solchen Astralreise sieht man sich unter sich selber liegen, während man über dem materiellen Körper schwebt. Bei der Astralreise sind jedoch die äußeren Umstände anders – man verläßt den eigenen Körper nicht notwendigerweise auf Grund einer Gefahr, einer Betäubung, eines Blutverlustes oder ähnlichem, sondern kann ihn auch gezielt verlassen, um z.B. etwas, das sich an einem anderen Ort befindet, in Erfahrung zu bringen.
Eine Astralreise ist also nicht wie einer Ohnmacht eine Einengung des Bewußtseins, durch die das Bewußtsein die Kontrolle über den Körper verliert, sondern eher eine Bewußtseins-Verlagerung, also die Bewegung des Bewußtseins an einen anderen Ort.
Wenn man es ganz genau nimmt (was bei einem Forschungsprojekt ja nie ganz verkehrt ist), könnte man auch sagen, daß das sich Bewußtsein bei der Astralreise ganz auf die Dinge konzentriert, die sich an einem bestimmten Ort außerhalb des eigenen Körpers befinden und man sich deshalb so erlebt, als ob man auch dort wäre. Man kann sich ja auch im normalen Alltag auf verschiedene Dinge konzentrieren und andere völlig ausblenden – warum sollte dies nicht auch im Bereich des Bewußtseins möglich sein?
Eine Ohnmacht ist wie eine Flucht, bei der man die gesamte Wahrnehmung der Welt weitgehend einschränkt; die Astralreise ist eher wie eine Expedition an einen anderen Ort. In der Magie dehnt man sein Bewußtsein in der Regel auf einen anderen Gegenstand oder ein anderes Wesen aus, ohne dabei die Bewußtheit für sich selber zu verlieren – wobei jedoch in der Regel alles, was nicht zu dem augenblicklichen Ziel gehört, in den Hintergrund tritt.

Bei einem Trauma liegt noch eine andere Dynamik vor. Ein heftiges Erlebnis, was man nicht verarbeitet bekommen hat, befindet sich in der eigenen Psyche, aber ist weitestgehend von dem Rest der Psyche abgekapselt.

Ein Trauma entsteht z.B. wenn man in der Steppe von vorne her von einem Löwen angegriffen wird und sich hinter einem eine steile Schlucht befindet. Da man keine Rettung mehr sieht, gibt die Seele auf und verläßt den eigenen Körper: Man löst den Lebenskraftkörper von dem materiellen Körper und macht eine Astralreise, was von außen her gesehen oft wie eine Ohnmacht aussieht – man erspart sich ganz schlicht das Erlebnis und den Schmerz des Gefressenwerdens durch den Löwen.

Wenn nun andere Menschen kommen und den Löwen vertreiben bevor er mit seiner Mahlzeit begonnen hat, kehrt der Lebenskraftkörper wieder in den materiellen Körper zurück. In der Regel beginnt der Betreffende dann zu zittern, zu schreien oder zu weinen, wodurch sich der Streß der Situation in ihm auflöst und die Lebenskraft in ihm wieder frei fließen kann. Dann ist alles wieder o.k.

Wenn sich solche Situationen jedoch ständig wiederholen oder es dem Betreffenden nicht möglich ist, den Streß, der in dieser Gefahrensituation in ihm entstanden ist, durch Zittern o.ä. aufzulösen, bleibt der Streß in dem Betreffenden erhalten. Dieser Streß hat

      1. die Intensität einer Lebensgefahr, ist
      2. mit dem Bild der Gefahrensituation verbunden, und ist
      3. nicht zugänglich, weil er bei seiner Auflösung durch Zittern o.ä. gestört worden ist.

Es gibt nun also ein Streß-geladenes Bild in dem Betreffenden, daß ihm nicht ohne weiteres zugänglich ist – sozusagen eine Panik-erfülltes Konservendose im Keller der eigenen Psyche, die dort auf einem Regalbrett rappelt und Angst verbreitet.

Ein Trauma ist daher ein Teil der Psyche, der nicht mehr in den Rest der Psyche integriert ist.

So wie man bei der Astralreise nicht sicher sagen, daß der Lebenskraftkörper bzw. das Bewußtsein den eigenen Körper verläßt, sondern nur, daß der Betreffende sich auf Dinge außerhalb seines Körpers konzentriert und den eigenen Körper ausblendet, kann man auch bei der Astralreise beim Entstehen eines Traumas nicht sicher sagen, ob man wirklich den eigenen materiellen Körper verläßt oder ob man nur die eigene Aufmerksamkeit aus dem physischen Leib abzieht, um nicht zu erleben, wie man von dem Löwen gefressen wird.

Das Trauma selber ist wie die Ohnmacht das Gegenteil der Magie: keine Ausdehnung des Bewußtseins, sondern eine Eingrenzung des Bewußtseins – der Teil der eigenen Psyche, der in dem hier benutzten Beispiel das Bild des hungrigen Löwen zusammen mit der Todesangst enthält, ist nicht mehr ohne weiteres zugänglich.

Die Heilung eines solchen Traumas besteht in den meisten Fällen aus einer allmählichen Annäherung an das Thema, das Finden von innerem und äußerem Rückhalt und schließlich dem Kontakt mit dem Trauma. Dadurch kann man das Trauma wieder öffnen, woraufhin man noch einmal den gesamten Streß erlebt, aber nicht „mit dem Kopf unter Wasser gerät" und an die Stelle des Todesangst-Bildes durch die Hilfe von (physisch anwesenden) Begleitern, durch Götter o.ä. ein neues Bild aufbauen kann, in dem die Todesangst-Situation erfolgreich bestanden wird.

Die Ohnmacht und die Bildung eines Traumas sind eine Einengung des Bewußtseins. Dabei kann man durchaus intensive innere Vorgänge oder auch Wahrnehmungen im Bereich des Bewußtseins (also z.B. das Sehen des Ortes, an dem man sich befindet, bei geschlossenen Augen) erleben. Diese Wahrnehmungen bei einer Ohnmacht sind dieselben wie die Wahrnehmungen bei einer Astralreise: Wahrnehmungen, die ohne die physischen Sinne direkt vom Bewußtsein aus erlebt werden. Diese Wahrnehmungen sind „Lebenskraft-Wahrnehmungen".

Lediglich die Ausgangssituation und die Lebensumstände sind bei einer Ohnmacht deutlich anders als bei einer freiwilligen Astralreise. Ein Trauma ist etwas salopp gesagt eine Ohnmacht, aus der man nicht vollständig zurückgekehrt ist – der Teil der Psyche, der das Todesangst-Bild enthält, ist dem Bewußtsein nicht mehr ohne weiteres zugänglich, was problematisch sein kann, da der Betreffende dann alles fürchtet, was Ähnlichkeit mit diesem Todesangst-Bild hat.

Ohnmachten und Traumata sind Einschränkungen des Bewußtseins und somit das Gegenteil von Magie, die eine Ausdehnung des Bewußtseins ist. Eine Astralreise ist eine Verlagerung des Bewußtseins nach außen.

Alle Wahrnehmungen während einer Astralreise und einer Ohnmacht sind Lebenskraft-Wahrnehmungen, da sie ohne Zuhilfenahme der physischen Sinnesorgane stattfinden – aber durchaus die physische Welt korrekt erfassen können.

Bei einem Trauma wird ein Teil der eigenen Psyche, in der sich ein Todesangst-Bild befindet, für das Bewußtsein weitgehend unzugänglich.

14. Lebenskraft und Präkognition

Es gibt noch ein Phänomen, das den Charakter der Lebenskraft deutlicher werden lassen könnte: Es gibt zum einen die Möglichkeit, Dinge vorherzusehen („Präkognition") und zum anderen die Möglichkeit, aus einem freien Schöpfungsimpuls magisch in die Gestaltung des Flusses der Ereignisse einzugreifen. Das widerspricht sich ausgesprochen gründlich.

Wenn die Dinge bereits festliegen, ist es denkbar, Dinge vorhersehen zu können. Wenn sich jedoch jederzeit ein Magier in den vorhergesehen Lauf der Dinge einmischen und diesen Lauf ändern kann, dürfte man die Zukunft nicht vorhersehen können. Wie bei den meisten magischen Phänomenen ist es im Grunde erst dann sinnvoll, über ein solches Phänomen zu reden, wenn man es selber erlebt hat. Wenn man mehrmals Ereignisse, die erst in einem halben Jahr eintreten werden, detailliert vorausgesehen hat, weiß man, daß es diese Möglichkeit gibt – sonst ist man auf die Aussagen anderer Menschen angewiesen, die nie dieselbe Überzeugungskraft wie ein eigenes Erlebnis haben können.

Der freie Wille und das Vorhersehen von Ereignissen sind ein Widerspruch. Widersprüche, die jedoch real existieren, sind ein Hinweis darauf, daß man nur zwei Bruchstücke der Welt sieht und noch nicht den Gesamtzusammenhang.

Innerhalb dieses Widerspruches spielt auch die Lebenskraft eine Rolle, da in ihr durch den freien Willen die Imaginationen erschaffen werden, die dann durch ihre magische Wirkung in den kausal festgelegten Ablauf der Ereignisse eingreifen und sie umgestalten.

Gibt es mehrere möglichen Formen der Zukunft? Aber warum kann man dann trotzdem die Zukunft vorhersehen?

Oder kann man dann, wenn jemand die Zukunft vorhergesehen hat, kein Magier mehr in den Ablauf der vorhergesehenen Dinge einmischen? Das wäre eine erstaunlich Menschen-zentrierte Dynamik ...

Wird durch das Vorhersehen eines Ereignisses dieses Ereignis „fest verankert"? Entspricht das Vorhersehen eines Ereignisses somit der Schaffung eines Ereignisses durch „Wille und Imagination"? Das Vorhersehen und das magische Erschaffen sind beides „Lebenskraft-Bilder" ...

Der genaue Zusammenhang zwischen der Präkognition und der Möglichkeit der freien Prägung der Ereignisse durch die Magie bleibt vorerst unklar – zunächst einmal bilden diese beiden Möglichkeiten einen Widerspruch: Wenn die Zukunft festliegt, kann man nichts an dem Lauf der Ereignisse auf dem Weg zu dieser Zukunft ändern – was jedoch genau das ist, was man aufgrund der Magie möglich ist.

15. Zusammenfassung

Die Lebenskraft ist keine magische Substanz, die es zusätzlich zu der normalen Materie gibt. Sie ist stattdessen eine Bezeichnung für eine besondere Form der Wahrnehmung und der Handlung, die vom Bewußtsein ausgeht und im Bereich des Bewußtseins stattfindet. Diese Art des Wahrnehmens und des Handelns wird in der Regel als „Magie" bezeichnet.

Die Lebenskraft ist ein Beschreibungs-Modell für die nicht-physikalischen, d.h. magischen Zusammenhänge, die sich durch Telepathie, Telekinese, Homöopathie, Astrologie u.ä. nachweisen lassen.

Die Lebenskraft kann von Menschen und evtl. auch anderem gelenkt werden kann. Sie kann sowohl Informationen als auch Wirkungen übermitteln. Sie kann zudem versendet (Telepathie) als auch gespeichert (Weihungen) werden. Die Lebenskraft zumindestens der Menschen ist strukturiert und organisiert (Chakren, Kundalini) und kann den physischen Körper zeitweilig verlassen (Astralreise), wobei in diesem Fall das Bewußtsein und die Wahrnehmungsfähigkeit an den Lebenskraftkörper und nicht an den physischen Körper gebunden ist.

Die Lebenskraft ist eng mit dem Bewußtsein verbunden und kann daher auch als Astralkörper, Geister, Götter u.ä. erscheinen kann. Der Lebenskraft-Anteil eines Menschen ist dessen Lebenskraftkörper („Astralkörper") der von seinen Inhalten her seiner Psyche entspricht.

Die Lebenskraft hat keine eigene Wahrnehmungsform, sondern wird in den Formen der physischen Sinne als Bild, Ton, Berührung, Hitze usw. wahrgenommen. Die Lebenskraft kann auch „objektfrei" als Licht wahrgenommen werden – möglicherweise entspricht dem auch die aus der Meditation gut bekannte innere „Stille".

Die Lebenskraft organisiert sich in einer polar-symmetrischen Struktur. Diese Struktur-Elemente der Lebenskraft sind im Menschen vor allem die sieben Hauptchakren („Lebenskraft-Organe"), die durch eine Konvektionsströmung („Lebenskraft-Kreislauf") miteinander verbunden sind. Ein Teil dieses Kreislaufs ist die Kundalini. Dieselbe Struktur findet sich im Aufbau eines Sternes. Als Symbol erscheint diese Struktur als Vajra.

Die sehr detailreiche Übereinstimmung der Strukturen im Bereich der Lebenskraft und im Bereich der Materie zeigt, daß die Lebenskraft eine „innere Wahrnehmung der Welt" ist. Die Lebenskraft ist die Beschreibung der Welt, wie sie vom Bewußtsein her aussieht – wenn man innerlich das eigene Bewußtsein auf ein anderes Wesen oder Dinge ausdehnt und es dann wahrnimmt und bei Bedarf auch wie den eigenen Arm lenken kann.

Die Imagination ist das Erschaffen eines inneren Bildes, das dann durch den Willen einen Impuls erhält.

Der Willen ist eine innere Freiheit, deren Wurzel letztlich Gottes Freiheit ist – oder, abstrakter formuliert, deren Wurzel letztlich die allem Bewußtsein zugrundeliegende Einheit des Bewußtseins ist.

Die Imagination ist das Gegenstück zur Wahrnehmung: Bei der Wahrnehmung sieht man in seinem Bewußtsein etwas, was außen schon da ist – bei der Imagination erschafft man in seinem Bewußtsein ein Bild, daß dann im außen zur Realität wird.

Die Analogien sind eine Struktur, die sich im Bereich des Bewußtseins und sekundär auch in der physischen Welt findet. Diese Analogien sollte man in der Magie berücksichtigen, um den einfachsten Weg zu dem eigenen Ziel zu gehen.

Die Lebenskraft erscheint an der Grenze zwischen der Determiniertheit der materiellen Welt und der Freiheit des Bewußtseins. Sie ist jedoch keine eigenständige Substanz, sondern die direkte Wahrnehmung des Bewußtseins im Bereich des Bewußtseins.

Das aus der Superstring-Theorie stammende Röhrensystem-Modell ermöglicht eine einheitliche Beschreibung der materiellen und der magischen Welt.

Die Lebenskraft ist in diesem Modell die Wahrnehmung der Bewußtseinsseite von Dingen außerhalb des eigenen Körpers, auf die man sein Bewußtsein ausgedehnt hat. Durch diese Ausdehnung des Bewußtseins auf andere Dinge und Wesen kann das Bewußtsein diese Dinge und Wesen Wahrnehmung und „wie die eigen Hand" bewegen und lenken. Daher ist die Lebenskraft die „Substanz" und die „Kraft" der Magie.

Die Materie ist die Außenseite der Welt.

Das Bewußtsein ist die Innenseite der Welt.

Die Lebenskraft ist das, was man wahrnimmt, wenn man das eigene Bewußtsein über den eigenen Körper hinaus ausdehnt und andere Dinge und Wesen von innen her, also vom Bewußtsein her, wahrnimmt.

Das Konzept der Lebenskraft ist weltweit verbreitet. Es gibt keine traditionellen Vorstellungen über verschiedene Arten von Lebenskraft, sondern nur von verschiedenen Erscheinungsformen der Lebenskraft. Die Lebenskraft erhält das Leben, ist eng mit der „Richtigkeit" verbunden und wird vor allem als Licht oder Hitze wahrgenommen.

Die Lebenskraft ist in den Mythen eine selbstverständliche Vorstellung, aber sie wird nur in wenigen Fällen und dann auch erst spät, zu einer Gottheit personifiziert.

Bücher von Harry Eilenstein

Astrologie

- Astrologie (496 S.)
- Photo-Astrologie (428 S.)
- Die astrologischen Aspekte (88 S.)
- Horoskop und Seele (120 S.)

Magie

- Handbuch für Zauberlehrlinge (408 S.)
- Telepathie für Anfänger (S.)
- Tarot (104 S.)
- Physik und Magie (184 S.)
- Die Magie-Formel (156 S.)
- Krafttiere – Tiergöttinnen – Tiertänze (112 S.)
- Schwitzhütten (524 S.)

Meditation

- Der Lebenskraftkörper (230 S.)
- Die Chakren (100 S.)
- Das Chakren-System mit den Nebenchakren (296 S.)
- Meditation (140 S.)
- Drachenfeuer (124 S.)
- Reinkarnation (156 S.)

Kabbala

- Kursus der praktischen Kabbala (150 S.)
- Eltern der Erde (450 S.)
- Blüten des Lebensbaumes:
  - Die Struktur des kabbalistischen Lebensbaumes (370 S.)
  - Der kabbalistische Lebensbaum als Forschungshilfsmittel (580 S.)
  - Der kabbalistische Lebensbaum als spirituelle Landkarte (520 S.)

Religion allgemein

- Muttergöttin und Schamanen (168 S.)
- Göbekli Tepe (472 S.)
- Totempfähle (440 S.)
- Christus (60 S.)
- Dakini (80 S.)

- Vajra (76 S.)

Ägypten

- Hathor und Re 1: Götter und Mythen im Alten Ägypten (432 S.)
- Hathor und Re 2: Die altägyptische Religion – Ursprünge, Kult und Magie (396 S.)
- Isis (508 S.)

Indogermanen

- Die Entwicklung der indogermanischen Religionen (700 S.)
- Wurzeln und Zweige der indogermanischen Religion (224 S.)

Germanen

- Die Götter der Germanen (88 Bände)
- Odin (300 S.)

Kelten

- Cernunnos (690 S.)
- Der Kessel von Gundestrup (220 S.)
- Der Chiemsee-Kessel (76)

Psychologie

- Über die Freude (100 S.)
- Das Geheimnis des inneren Friedens (252 S.)
- Das Beziehungsmandala (52 S.)
- Gefühle und ihre Verwandlungen (404 S.)
- einsgerichtet (140 S.)
- Liebe und Eigenständigkeit (216 S.)
- Von innerer Fülle zu äußerem Gedeihen (52 S.)
- Die Symbolik der Krankheiten (76 S.)

Kunst

- Herz des Tanzes – Tanz des Herzens (160 S.)

Drama

- König Athelstan (104 S.)

Die Themen der 88 Bände der Reihe „Die Götter der Germanen"